DAILY
法学選書

ピンポイント
デイリー法学選書編修委員会［編］

刑法

三省堂

はじめに

　刑法は、犯罪と刑罰に関する法律です。刑法を読み解くことによって、いかなる行為が犯罪行為とされ、犯罪行為に対してどのような刑罰が与えられるのかを知ることができます。殺人や詐欺など、犯罪行為についてテレビなどで耳にする機会は多い反面、実生活から離れたあまりなじみのない犯罪も多いと思います。

　刑法は、通常、刑法総論と刑法各論という２つの分野に分けて勉強する人が多いと思います。刑法総論は学説の対立が激しく、初めて刑法を学習する人が刑法を苦手にする要因のひとつになることもありますが、構成要件、違法性、責任の順に、１つずつ理屈を積み重ねていくことが重要です。刑法各論では、条文に記載された犯罪行為の成立要件を、着実におさえていくことで、正確な理解につながります。

　本書は、初めて法律を学習する人を対象に、読みやすく、無理なく刑法全体の重要な知識が習得できるように構成された入門書です。特に法制度の「幹」になる部分の解説に重点を置いています。判例・学説の対立についても、細かい議論に立ち入るよりも、その背景にある問題の所在を明らかにして、考える筋道を提示するように心がけています。

　本書を通読していただいた上で、今後、より詳細な体系書などの学習へと進んだ場合に、混乱することなく、スムーズに内容を理解できるように、本書では、土台になる基本事項を丁寧に解説しました。

　本書を日常学習のお役に立てていただき、次のステップへの架け橋として活用していただければ幸いです。

デイリー法学選書編修委員会

Contents

はじめに

第1章　刑法の全体像

1　刑法とは	8
2　刑罰の正当化	10
3　刑法の基本原則	12
Column　外国で罪を犯すとどうなる？	16

第2章　刑法総論

1　犯罪の形態	18
2　犯罪の成立要件	20
3　構成要件	22
4　実行行為	26
5　不作為犯	28
6　因果関係	32
7　因果関係が問題となるケース	36
8　違法性の本質	38
9　違法性阻却事由	40
10　正当行為	42
11　被害者の承諾	44
12　正当防衛	46
13　緊急避難	50
14　責任主義と期待可能性	54
15　責任能力	56
16　原因において自由な行為	58
17　故意の意義	60
18　違法性の意識	62

19	錯誤の種類	64
20	具体的事実の錯誤	66
21	抽象的事実の錯誤	70
22	誤想防衛・誤想避難	72
23	過失と過失犯	74
24	未遂と予備	78
25	実行の着手	80
26	不能犯	82
27	中止犯	84
28	共　　犯	88
29	共同正犯	90
30	共謀共同正犯とテロ等準備罪	94
31	教唆犯	96
32	幇助犯	98
33	共犯の従属性	100
34	間接正犯	102
35	共犯と身分	106
36	罪　　数	110
Column	刑罰の中身	112

第3章　刑法各論

1	刑法各論の全体像	114
2	殺人の罪	116
3	傷害の罪	118
4	交通事故犯罪	120
5	遺棄の罪	122
6	逮捕および監禁の罪	124

7 脅迫の罪	126
8 略取および誘拐の罪	128
9 強制わいせつ罪・強制性交等罪	130
10 住居侵入罪	134
11 名誉に対する罪	136
12 信用および業務に対する罪	140
13 財産犯総論	142
14 窃盗罪	146
15 強盗の罪	148
16 事後強盗罪	150
17 強盗致死傷罪など	152
18 詐欺罪	156
19 恐喝罪	158
20 横領の罪	160
21 背任罪	164
22 盗品等に関する罪	166
23 毀棄・隠匿の罪	168
24 放火および失火の罪	170
25 通貨・有価証券などの偽造罪	174
26 文書偽造の罪	178
27 コンピュータウイルスに関する罪	182
28 わいせつの罪	184
29 公務の執行を妨害する罪	186
30 賄賂の罪	188

第1章

刑法の全体像

1 刑法とは

刑法の目的と機能

　刑法とは犯罪と刑罰について定めた法律です。つまり、どのような行為が犯罪となり、そして、その犯罪にどのような刑罰が科されることになるのかを明らかにした法律です。

　刑法の条文は「第1編 総則」「第2編 罪」から構成されています。学問上の分類として、第1編は総論、第2編は各論と呼ばれます。第1編は、犯罪がどのような場合に成立し、成立しないのかを中心に規定しているのに対し、第2編は個々の犯罪の成立要件と犯罪者に科す刑罰を規定しています。

　ところで、刑法のような法律がなぜ作られたのでしょうか。「人を殺したり、物を盗んだりして個人の生命や財産に害を生じさせるような人間を放置していては、安全な市民生活が成り立たなくなる」という理由が、まず挙げられると思います。

　このような健全な市民生活を守ることを目的とする、という刑法の機能を法益保護機能ということがあります。ここで「法益」とは、法律によって保護される利益のことです。ただ、刑法の目的がこのような法益の保護に尽きるとしたら、わざわざ刑法などという法律を設ける必要はないともいえます。

　たとえば、ある特定の人間（国王など）に犯罪行為の処罰をすべて委ねてしまう社会を想定してみましょう。その人間が邪悪な考えの持ち主であれば、自分の気に食わない人間の行動を犯罪とみなし、重罰を科して苦しめるようなふるまいに出るかもしれません。そこで、一部の人間が勝手気ままに刑罰を科すことを禁じ、私たちの身体や行動の自由、権利が害されないよ

8

第1章 ■ 刑法の全体像

● 刑法の目的と機能 ●

法益保護機能 健全な市民生活を守る

┗━▶ 法律によって保護された利益

保護法益 ┌ ① 個人的法益（個人の生命・身体・財産）
│ ② 社会的法益（公共の利益）
└ ③ 国家的法益（国家の統治機能）

人権保障機能
（自由保障機能） あらかじめ法律でどのような行為が犯罪に
あたり、その犯罪に対してどのような刑罰
が加えられるのかを明示する

うにするために、どのような行為が犯罪にあたり、その犯罪を
犯した人間にどのような刑罰を科すのか、あらかじめ刑法とい
う法律によって明示することになったのです。

　このように犯罪と刑罰を事前に明示する刑法の機能を**人権保**
障機能（自由保障機能）ということがあります。

保護法益を知る

　法律によって保護された利益のことを法益といいます。たと
えば、殺人罪は「人の生命」という法益を守るために規定され
ていますし、窃盗罪は「人の財産」という法益を守るために規
定されています。

　刑法は法益を保護するために制定されたものですが、このよ
うに刑法で保護されるべき法益のことを**保護法益**といいます。
刑法が定める犯罪を保護法益によって分けると、①個人的法益
に関する罪、②社会的法益に関する罪、③国家的法益に関する
罪、の3つに大きく分けることができます。

9

2 刑罰の正当化

何のための刑罰なのか

刑罰が正当化される根拠として古くから主張されているのが応報刑論と呼ばれる考え方です。応報刑論では、刑罰は犯罪に対する報い（応報）であるとします。そして、犯罪という害悪に対する当然の報復として、犯罪に相応する刑罰が正当化されると考えます。犯罪者に対する被害者の復讐を国家が代わりに行うことも、応報刑論からは刑罰の正当化根拠となります。

これに対し、刑罰は犯罪者の再犯を防止するため、犯罪者を治療改善する目的から科すもので、その目的を達成するために刑罰が正当化されるとする目的刑論の考え方があります。

現在では、刑罰に応報の要素があるのを認めつつも、犯罪者に刑罰を科すことで、再犯防止を含めて、その後の健全な社会復帰のために教育・改善を図る点において、刑罰が正当化されるという、応報刑論と目的刑論をミックスした考え方（相対的応報刑論）が主流になっています。つまり、相対的応報刑論は、刑罰による社会倫理の維持とともに、法益を保護し、犯罪を防止するという2つの目的を重要視する見解といえます。

近代派と古典派という刑法理論

上記の刑罰権の正当化根拠にも関係しますが、「犯罪はなぜ生じるのか」「犯罪に対して、なぜ刑罰を科すのか」という刑法の根本となる問題について、古くから「近代派」と「古典派」という刑法理論の対立がありました。

近代派は、「犯罪行為は、本人が持っている犯罪を犯す危険

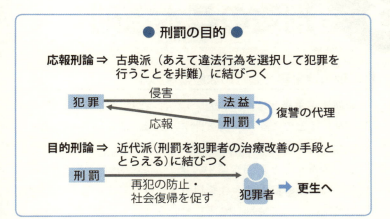

な性格から導かれる」とします。そして、「刑罰は、社会防衛の手段であり、犯罪者を更生し、社会復帰させる治療改善の手段であり、治療改善の余地のない者を社会から隔離する手段である」とします。つまり、刑罰において個々の犯罪者の犯罪行為の予防を重視します。この考え方を**特別予防**といいます。

これに対して、**古典派**は、「人間は自由意思を持った存在である」とします。そして、「人間があえて違法行為を選択して犯罪を行うことが非難に値するのであり、違法行為をした者をこらしめるために刑罰があるのだ」と考えます。そのため、古典派は応報刑論に結びつきやすい考え方だといえます。古典派では、あくまでも、法益を侵害する犯罪行為が行われたことを問題視するので、刑罰においても、特定の個人の犯罪行為の予防ではなく広く、一般的に行われる犯罪行為の予防を重視します。このような考え方を**一般予防**といいます。

刑法の条文解釈で、上記の議論が直接影響することはほぼありませんが、議論があることは知っておくとよいでしょう。

3 刑法の基本原則

罪刑法定主義とはどんな原則なのか

罪刑法定主義とは、「どのような行為が犯罪であり、その犯罪に対してどのような刑罰を科すのかは、あらかじめ法律で定めておかなければならない」という原則です。

権力者が犯罪と刑罰を勝手に決めることができるとすれば、私たちの活動の自由は大きな制約を受けてしまいます。罪刑法定主義には、国民に対して「Xという行為をすれば、Yという刑罰が与えられます」とあらかじめ犯罪と刑罰を明示し、国民に警告する意味合いがあるのです（刑法の人権保障機能）。

また、国民の視点から見れば、刑罰が与えられる行為がわかっていれば、自らが刑罰を与えられることなく自由に活動できる範囲を知ることができるます。

このように罪刑法定主義は国民にとって重要な原則ですが、刑法では罪刑法定主義を明確に定めていません。しかし、わが国の最高法規である日本国憲法（具体的には適正手続を定めた憲法31条）によって罪刑法定主義が認められています。

罪刑法定主義の派生原理

罪刑法定主義については、以下の5つの派生原理が導かれると理解されています。

① 慣習刑法の排除

慣習刑法とは、古くから存在する社会の慣習（しきたり）によって、ある行為が犯罪とみなされ、その行為に対して刑罰が科されることです。罪刑法定主義の下では、法律の裏づけがな

第 1 章 ■ 刑法の全体像

● 罪刑法定主義と派生原理 ●

罪刑法定主義 どのような行為が犯罪で、どのような刑罰を科すのか、あらかじめ法律で定められていなければならない原則

国民 ⇒ 自由に行動できる範囲を知ることができる

派生原理
- 慣習刑法の排除 ⇒ 慣習によってある行為が犯罪になることはない
- 刑罰法規の効力の不遡及 ⇒ 後に作った法律で過去の適法行為を罰しない
- 類推解釈の禁止 ⇒ 刑法の解釈は厳格に行わなければならない
- 絶対的不定期刑の禁止 ⇒ 具体的な刑期などが不明確な刑罰は許されない
- 明確性の原則 ⇒ 犯罪・刑罰の内容は明確でなければならない

い慣習刑法は排除されます。

② **刑罰法規の効力の不遡及（遡及処罰の禁止）**

　刑罰の効力が過去の行為にも及ぶことを「刑罰法規の効力が遡及する」といいますが、罪刑法定主義の下では、こうした事態は許されません。行為の後に作った法律で、行為時は適法だったはずの行為に対して刑罰を科すことを認めると、罪刑法定主義が骨抜きになってしまうからです。

　刑罰法規の効力の不遡及については、憲法 39 条が「実行の時に適法であった行為…については、刑事上の責任を問はれない」ことを明確に定めています。また、刑法 6 条は、「犯罪後の法律によって刑の変更があったときは、その軽いものによる」として、これをさらに押し進めています。

③ **類推解釈の禁止**

　罪刑法定主義の下では、法律に基づいて犯罪が認定され、刑

13

罰が科されますが、法律の条文の中には抽象的な言葉が使われているため、解釈によってその意味を明らかにしなければならない場合があります。その際、条文の解釈を厳格にしなければならないというのが類推解釈の禁止と呼ばれる考え方です。

たとえば、甲がAという行為をしたとします。しかし、Aを処罰する条文はありません。しかし、Aと似通っているBという行為を処罰する条文は存在します。このとき、Bを処罰する条文を、Aにも適用するのが類推解釈です。

このような類推解釈を認めると、本来犯罪となるはずのない行為まで、安易に犯罪としてしまうおそれがあります。そこで、刑罰法規を類推解釈することは、罪刑法定主義の派生原理として禁止されます。ただし、被告人が有利となるような(被告人が処罰を免れたり被告人の処罰が軽くなるような)類推解釈をすることは、人権保障を図る罪刑法定主義の理念に反しないことから、例外的に許されると考えられています。

④ 絶対的不定期刑の禁止

絶対的不定期刑とは、刑罰を言い渡すときに、刑罰の種類やその期間(刑期)をまったく定めない場合をいいます。罪刑法定主義は、どのような刑罰がどのくらい科せられるのかを明らかにすることも要請していることから、このような不明確にすぎる刑罰の定め方は許されません。

⑤ 明確性の原則

犯罪と刑罰をあらかじめ法律で定めていたとしても、その内容が不明確であれば、どのような行為が処罰されるのかがわからず、国民の活動の自由が大きく阻害されてしまいます。そこで、どのような場合に犯罪が成立し、どのような刑罰が科されるのかを明確にすることが求められています。

第1章 ■ 刑法の全体像

責任主義

　罪刑法定主義と並ぶ重要な原則として責任主義があります。責任主義とは「責任がなければ、刑罰を科すことはできない」という考え方です。刑法では「犯罪行為を行った者を非難できる」ということを「責任がある」と表現します。そして、「犯罪行為が認められても、それを行った者を非難できない場合は、刑罰を科してはならない」というのが責任主義の内容です。

　たとえば、精神障害者や幼児などの犯罪行為は一般に非難できないと考えられています。また、たとえば、AがBにナイフを背中に押し付けられた状態で、Bから「Cを殴れ。さもなければお前を刺すぞ」といわれてCを殴打した場合、本来であればAに暴行罪が成立するところです（Cが負傷した場合は傷害罪が成立します）。しかし、Cを殴らなければBからナイフで刺される、という恐怖心からAが正常な判断能力を欠き、追い詰められた状態でCを殴打したとみなすこともできるでしょう。その場合は、Aに責任を認める（刑罰を科す）ことが困難になります。

　また、まったく意識せずに、客観的には犯罪とみなされる行為を行ったという事態も起こりえます。このような行為者を非難して、刑罰を科すことは適切ではないといえます。近代以前は、行為者のそうした心理的状況を無視して、犯罪の結果を生じさせた以上はすべて処罰すべきだと考えられていましたが、現代の感覚からすると、非情にすぎるように思えます。

　そこで、非難ができない状況で行われた行為については、刑罰を科さないようにしよう、という責任主義の考え方が生まれました。責任主義は、犯罪の一般的な成立要件である「責任」を検討する上で、非常に重要です。

15

Column

外国で罪を犯すとどうなる？

　犯罪が外国で行われた場合、わが国の刑法が適用されることはあるのでしょうか。これは刑法の場所的効力として論じられている問題です。刑法は、外国で行われた犯罪に対して、日本の刑法が適用される場面について規定を置いています。まず、内乱罪や通貨偽造罪などについては、日本人であるか否かを問わず、いかなる者が行ったとしても、日本の刑法が適用されます。これは、国家や国民の法益を侵害する程度が強い犯罪の重要性を考慮して置かれた規定です（**保護主義**といいます）。次に、建造物等放火罪、強制性交等罪、殺人罪、強盗罪、業務上横領罪などの犯罪については、行為者が日本国民である限り、外国で行われた場合にも日本の刑法が適用されます。これは**属人主義**という考え方に基づくもので、極めて重要な個人的法益を侵害する犯罪について、行為地が日本以外であっても、日本国民は自国の刑法を遵守するべきであることを示す必要があるためです。

　これに対して、外国人に対して日本の刑法が適用される場面についても、刑法は規定を設けています。つまり、犯罪が日本国内で行われた場合には、原則として、行為者の国籍を問わず、日本の刑法が適用されます。このように、犯罪が行われた場所に注目して、刑法の適用の有無を判断する考え方を**属地主義**といいます。したがって、外国人は日本で犯罪を犯すと、原則として日本の刑法により処罰されます。もう一つ、日本国民が建造物等放火罪、強制性交等罪、殺人罪、強盗罪などの被害者となった場合は、外国で行われたとしても、行為者の国籍を問わず、日本の刑法が適用されます。これはテロ犯などを日本国内で訴追できるようにするための規定です。

第2章

刑法総論

1 犯罪の形態

犯罪論とは

　いかなる行為に対して刑罰を科すべきかという問題をめぐる議論を犯罪論といいます。犯罪論は、どのような行為を犯罪と認定すべきかという、犯罪の一般的な成立要件に関する議論でもあります。この問題の出発点になるのが、罪刑法定主義の原則です。犯罪となるための第1要件は、ある行為が刑法などの法律が定める犯罪の成立要件（これを構成要件といいます）に該当することです。よって、ある行為が刑法の条文の中に示された構成要件に該当すると、その行為が法律の定めた犯罪行為の枠内にあると判断されます。

単独犯と共犯

　犯罪の成立要件を見ていく前提として、犯罪の形態にもいくつかの種類があることを知っておく必要があります。

　まず、行為者の人数に応じて単独犯と共犯という区別を挙げることができます。単独犯とは行為者が1人の形態を指し、共犯とは行為者が複数関与する形態を指します。

故意犯と過失犯

　犯罪の形態については、行為者の意識に応じた区別も存在します。まず、行為者が犯罪結果を発生させようと意識して（または犯罪結果が発生するだろうと認識して）、犯罪行為を行う場合を故意犯といいます。これに対し、行為者の不注意などによって、犯罪結果が発生した場合を過失犯といいます。

第2章 ■ 刑法総論

● 犯罪の形態 ●

犯罪論 いかなる行為に対して刑罰を科すべきかという問題

➡ 刑法が規定する犯罪の成立要件に該当する行為が
　　原則として犯罪となる

犯罪の形態

- **単独犯** ⇒行為者が1人【原則】
- **共犯** ⇒行為者が複数
- **故意犯** ⇒犯罪結果を発生させようと
　　　意識して犯罪行為に及ぶ【原則】
- **過失犯** ⇒不注意のために犯罪結果が発生する

　以下では、まず犯罪の原則的な形態である単独犯であり、そして故意犯を念頭において、犯罪の成立要件を検討した上で、例外的な共犯や過失犯の問題を取り上げていきます。

刑罰を科す対象について

　何を対象に刑罰を与えるのかは、刑罰の正当化の項目で見た刑法理論に関する近代派（近代学派）と古典派との対立が影響を与えます。

　まず、近代派は、刑罰の目的は犯罪者の治療改善にあることから（目的刑論）、刑罰の対象は「犯罪行為者が持っている反社会的な性格」と考えます。つまり、犯罪行為者の内面（主観）に着目するため、主観主義（行為者主義）と呼ばれます。

　これに対し、古典派は、刑罰の目的を犯罪に対する応報ととらえ（応報刑論）、刑罰の対象は法益を侵害する「犯罪行為」であると考えます。つまり、行為者の主観ではなく外形的な行為に注目するため、客観主義（行為主義）と呼ばれています。

19

2 犯罪の成立要件

構成要件に該当すること

犯罪が成立するためには、まず、その行為が構成要件に該当すること、つまり法律が犯罪行為として定めている行為を行うことが必要です。たとえば甲が乙にピストルを発射し、乙の命を奪った場合、まず思い浮かぶのは殺人罪の構成要件でしょう。しかし、甲が単に乙を傷つけるためにピストルを発射していたとすると、甲には乙を殺すつもりはなく、傷害致死罪の構成要件である「身体を傷害し、それによって人を死亡させた」に該当する可能性があります。このように、ある行為がどの条文の構成要件に該当するのかという判断は、行為の客観面・主観面を総合的に検討する必要があります。

違法性があること

犯罪が成立するためには、その行為が構成要件に該当するだけでよいのでしょうか。たとえば甲が乙を撃ち殺したが、それが自分の身を守るためのものであったという場合、甲を殺人罪として処罰するのは妥当といえないでしょう。

違法性とは、あらゆる行為の中から、特に刑罰に値する行為のみを「刑法の観点から悪い」とみなすことをいいます。反対に、例外的に違法性がないといえる事情を違法性阻却事由といいます。正当行為（35条）、正当防衛（36条）、緊急避難（37条）がその代表例です。甲が自分の身を守るために乙を撃ち殺したという上記の行為は、正当防衛にあたるといえます。

そして、正当防衛などの違法性阻却事由にあてはまると、そ

第2章 ■ 刑法総論

● 犯罪が成立するには ●

犯 罪　① **構成要件** に該当し、② **違法性** かつ
③ **責任** が備わっている行為

①構成要件該当性：法律が犯罪行為として定める行為
　　　　　　　　　　に該当する行為を行うこと
　　　　　　　↓
②違法性：刑罰を与えるに値する悪い行為かどうか
　　　　　　　↓
③責任（有責性）：行為者を非難できるかどうか
　★上記①～③のいずれかを欠く場合は犯罪が成立しない

の行為の違法性がないとされ、犯罪不成立となります。言い換えると、犯罪が成立するためには、その行為が正当防衛などの違法性阻却事由にあたらないことが求められるのです。

┃責任があること

　犯罪が成立するためには、さらに行為者が**責任**を備えていること（有責性）が必要です。刑法での責任とは、犯罪をした行為者を非難できることを意味します（行為者の非難可能性）。

　たとえば4歳の子どもがおもちゃを盗んだ場合のように、善悪の判断能力がない幼児は非難することができず、刑罰を科しても意味がない場合があります。このように、ある者の行為を非難することができず、責任がないといえる事情を**責任阻却事由**といいます。責任阻却事由があると犯罪不成立となるため、犯罪成立要件として行為者に責任があることが求められます。

　以上、犯罪が成立するためには、その行為が構成要件に該当し、違法性を備え、行為者に責任があることが必要です。

21

3 構成要件

構成要件とは

　前述したように、ある行為が犯罪となるためには、まず第1要件として、その行為が構成要件に該当していることが必要になります。構成要件とは、法益を侵害する行為や法益を侵害するおそれのある行為を、刑罰法規の中に類型化して示したものです。したがって構成要件は、刑事裁判で裁判官が問題になっている行為が犯罪にあたるのか否かを判断する際の最初の基準として機能します。

　たとえば、199条は殺人罪を規定していますが、現実に行われる殺人行為は、毒殺や射殺などさまざまです。こうした行為すべてを毒殺罪、射殺罪などひとつひとつ具体的に規定していくのは困難なことです。そこで、こうした「生命」という法益を侵害するさまざまな行為に共通した「人を殺す」という核になる部分をピックアップして、「人を殺す行為が殺人罪にあたります」などと示したのが構成要件なのです。

　構成要件は、具体的には「刑法第2編 罪」の各条文の中に示されています。殺人罪は「人を殺した」という形で、199条の中に構成要件が示されていますし、窃盗罪は「他人の財物を窃取した」という形で、235条の中に構成要件が示されています。

　そして、ある人が刑法の条文に示された行為を実際に行った場合、その行為は「構成要件に該当する」という言い方をします。たとえば、AがBをピストルで撃ち殺した場合は、Aの行為が殺人罪の構成要件に該当し、CがDの家から貴金属を盗んだ場合は、Cの行為が窃盗罪の構成要件に該当するわけです。

● 構成要件要素 ●

 Bを撃ち殺そうと思いピストルを発射
死亡

構成要件要素
① **主体**：A ② **客体**：B
③ **(実行)行為**：Aがピストルを発射 ④ **結果**：Bが死亡した
⑤ **因果関係**：Aの発射したピストルの弾でBが死亡した
⑥ **故意**：AはBを撃ち殺そうと思った

どんな機能があるのか

法益侵害行為を類型的に示した構成要件には、主として以下のような機能があるといわれています。

① 自由保障機能（罪刑法定主義的機能）

刑法の条文に示された構成要件に該当する行為のみが犯罪になるというのは、法律で犯罪になる行為が事前に明らかにされていることを意味します。つまり、構成要件は罪刑法定主義を具体化し、私たちの活動の自由を守る機能を果たしています。

② 犯罪個別化機能

無数にある犯罪行為を、構成要件の形に類型化することで、たとえば、どのような行為が殺人罪にあたるのか、どのような行為が窃盗罪にあたるのかが明らかにされ、犯罪の適切な個別化が行われることになります。

③ 違法性推定機能・責任推定機能

構成要件は違法かつ有責な行為を類型化したものといわれているため、ある行為が構成要件に該当した場合、その行為は犯罪であるとの推定（犯罪の可能性が高い）が働きます。つまり、

違法性阻却事由や責任阻却事由がない限り、犯罪が成立して刑罰の対象となるわけです。このような構成要件がもつ違法性や責任を推定する機能は、犯罪を合理的に認定するという意味において、非常に重要な機能だといえます。

■ 構成要件に該当する行為の主体は

構成要件は、厳密には各犯罪により異なるものですが、何よりもまず、犯罪行為を行う主体が問題になります。

犯罪行為の主体に関して、刑法の条文の中で「…した者」と表記している場合が少なくありませんが、これは、主に自然人（生身の人間）のことを指しています。

また、犯罪行為の中には、特定の身分をもっていないと、そもそも犯すことができないタイプの犯罪行為があります。これを身分犯といいます。たとえば、197条1項は収賄罪を規定していますが、その構成要件では、犯罪行為の主体を「公務員」と記載しています。つまり、構成要件で公務員が主体であることを要求している以上、公務員以外の人が収賄罪により処罰されることはないのが原則です。

さらに、身分犯の中には、上記の収賄罪のように、構成要件として身分が記載されているために、犯罪が成立するか否かの分かれ目となる身分があります。これを構成的身分犯（真正身分犯）といいます。これに対し、身分があることによって、同様の犯罪行為について、他人よりも厳しい刑罰または軽い刑罰が科される場合もあります。これを加減的身分犯（不真正身分犯）といいます。たとえば、常習賭博罪は、別途規定されている賭博罪に比べて、賭博の常習者という身分をもつ者に対し厳しい刑罰をもって臨んでいます。

第2章 ■ 刑法総論

　原則として犯罪行為の主体は自然人であることは間違いありません が、法律で特別に規定する場合は、会社などの法人が処罰の対象に含まれるケースがあります。たとえば、ある種の犯罪行為については、直接の行為者だけでなく、行為者の所属する法人もいっしょに処罰する旨が規定されています。これを両罰規定といいます。

▌主観的構成要件要素と客観的構成要件要素

　構成要件は違法な行為を類型化したものであるため、本来的には客観的な要素から成立していると考えられています（客観的構成要件要素）。しかし、行為者の内面的な要素が、犯罪成立の有無において重要な意味をもつことがあります。これを主観的構成要件要素といいます。主観的構成要件要素の代表例ともいえるのが故意や過失です。

　また、刑法が特に主観的な要素を構成要件として規定している場合があります。たとえば、通貨偽造罪においては、犯罪成立要件として「行使の目的」という主観的構成要件要素が規定されています。

　以上より、犯罪が成立するための第1要件ともいえる構成要件該当性を判断するための要素は、①主体、②客体、③（実行）行為、④犯罪結果、⑤行為と結果との間の因果関係、⑥故意または過失、⑦その他の主観的構成要件要素、というようにまとめることができます。

　もっとも、犯罪の形態のところでも説明しましたが、これまで述べた構成要件要素は、主に行為者が1人の場合（単独犯）を想定しており、共犯者がいる場合（複数犯）などは、必要に応じて構成要件要素が修正されることになります。

25

4 実行行為

実行行為とは

　構成要件に該当する行為のことを、実行行為といいます。たとえば、殺人罪の実行行為は「人を殺す行為」、窃盗罪の実行行為は「他人の財物を窃取する行為」です。犯罪のように見える行為でも、それが実行行為でなければ構成要件に該当せず、犯罪とはなりません。たとえば他人の飼い犬を殺せば器物損壊罪になりますが、野犬を殺しても原則として犯罪にはならないのです。

実行行為の態様にはどんなものがあるのか

　実行行為はその態様に応じて、以下のように分類できます。

① 直接正犯と間接正犯

　行為者が自ら行うか、それとも他人を「道具」として利用し間接的に行うかで、実行行為は直接正犯と間接正犯に分類することができます。殺人罪を例にとると、自らピストルを使って目の前の者を撃ち殺したような場合が直接正犯であり、事情を知らない第三者に毒を入れたジュースを運ばせて、Aの殺害行為を行うような場合が間接正犯にあたります。

② 作為犯と不作為犯

　実行行為を作為という形で行うか、それとも不作為という形で行うかで、実行行為は作為犯と不作為犯に分類することもできます。殺人罪を例にとると、ピストルを使って撃ち殺すような場合は作為犯ですが、親が幼児に食べ物を与えずに放置して餓死させたような場合は不作為犯にあたります。

第2章 ■ 刑法総論

● 実行行為の態様 ●

実行行為 構成要件に該当する行為
（法益を侵害するおそれのある行為）

実行行為の態様

① 直接正犯と間接正犯
行為者が行うのか他人を「道具」として使うのか

② 作為犯と不作為犯
実行行為の形式が作為なのか不作為なのか

③ 原因において自由な行為
自分を判断能力がない状態に陥らせた上で
犯罪行為を行う

④ 故意犯と過失犯
意識的に実行行為を行ったのか不注意で実行行為
を行ったのか

③ 原因において自由な行為

特殊な実行行為の形として「原因において自由な行為」があります。これは、自分を判断能力のない状態に陥らせて、その状態のときに犯罪行為を行うことです。たとえば、お酒に酔うと暴力的になる自分の性癖を利用し、酩酊状態のときに他人に暴行して傷害を負わせる場合などが挙げられます。

④ 故意犯と過失犯

以上の分類は、意識的（意図的）に実行行為を行った故意犯と、不注意で実行行為を行った過失犯によりさらに細かく分けられます。傷害を例にとると、傷つける意図をもってナイフで刺して傷害を負わせた場合は故意犯となり、傷害罪が成立します。一方でナイフを使った手品に失敗して家族を傷つけた場合は過失犯となり、過失傷害罪が成立します。

27

5 不作為犯

不作為とは

不作為犯とは、不作為によって実行行為を行う場合です。不作為という言葉を辞書で引くと、「あえて積極的な行為を行わないこと」などと書かれています。

通常、犯罪という言葉からは、ナイフで刺したり、財布をすりとったりなど何らかの積極的・能動的な行為をイメージすることでしょう。しかし不作為犯は、こうした作為犯と異なり、特に何もしない状態のままで、他人の生命や財産を奪うといった結果をもたらす犯罪行為なのです。

不作為犯には真正不作為犯と不真正不作為犯の2種類があります。真正不作為犯とは、構成要件が初めから不作為の形式で定められているものです。たとえば、多衆不解散罪は、解散命令を受けたのに「解散しなかった」という不作為があったときに成立する犯罪です。また、不退去罪は、他人の住居からの退去要求に応じないという不作為により成立する犯罪です。

これに対し、不真正不作為犯とは、「殺す」（殺人罪）、「窃取する」（窃盗罪）というように、作為犯の形式で実行行為を定めている構成要件の結果を、不作為の実行行為によって実現させるものです。不真正不作為犯の例としては、殺意をもって親が幼児に食べ物を与えず餓死させるような場合が挙げられます。不真正不作為犯の成立を無制限に認めることは、罪刑法定主義の観点から問題が多いため、本来は作為による犯罪行為を、なぜ不作為の形式でなし遂げても処罰されるのか、という理由付けが必要です。

第2章 ■ 刑法総論

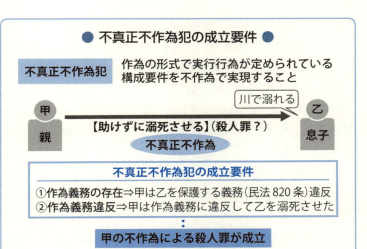

不真正不作為犯の問題点

不真正不作為犯は、作為の形式で実行行為が定められている構成要件を不作為で実現することを認めるわけですから、前述のとおり罪刑法定主義の見地から問題がないとはいえません。

殺人罪にせよ窃盗罪にせよ、条文を見る限り「殺す」「窃取する」となっているように、作為によって実行行為が行われることを予定しているのは明らかです。不作為によって殺人や窃盗などがなされた場合、作為による実行行為を予定した条文を根拠として処罰はできない、と考えることもできるわけです。

そのため、不真正不作為犯に関しては罪刑法定主義を十分に考慮する必要があります。無制限に不真正不作為犯の成立を認めることは、結果として、法律の根拠がないのに無制限に刑罰を科すことになりかねません。不真正不作為犯を認める際には、その不作為が「作為による実行行為と同視」できるだけの内容

29

をもっていなければなりません（**作為との同価値性**といいます）。この判断は作為義務の有無を問う形で行われてきました。

▌不真正不作為犯の成立要件

一般に不真正不作為犯の成立要件としては、①作為義務が存在することと、②その作為義務を怠ること（作為義務違反）が求められます。

具体例を挙げてみましょう。たとえば、甲は、2歳になる自分の息子乙が、流れの緩やかな川（水深50cm）で溺れているのを発見しました。しかし、甲は乙のことをかわいいと思っていなかったので助けようとせず、その結果、乙は溺れ死んでしまいました。この場合、甲には殺人罪の不真正不作為犯は成立するのでしょうか。

特に問題となるのが、①作為義務が存在すること、という要件ですので、これについて検討します。ただし、作為義務の存在を検討する前に、そもそも作為義務がどのような場合に生じるのかについて説明しておく必要があるでしょう。

一般に作為義務は、ⓐ法令、ⓑ契約や事務管理などの法律行為、ⓒ慣習や条理（常識）を根拠として発生すると考えられています。このうちⓐ法令について見ると、たとえば親族同士で扶養しあわなければならない、と親族間の扶養義務を民法が定めています。このような扶養義務から「親族を扶養しなければならない」という刑法上の作為義務が導かれます。

もっとも、ⓐ〜ⓒのような作為義務の発生根拠が認められたとしても、直ちに作為義務があると評価されるわけではありません。これらの発生根拠が認められることを前提として、たとえば殺人罪の場合であれば、積極的に殺したのと同視できるよ

うな事情があることが必要です。つまり、①作為義務を果たさないことによってどんな危険がどの程度生じるのか、回作為義務を果たすことによって結果を防止することが可能であったか否か、などを総合的に考慮することによって、不作為者に関する作為義務の存否が判断されることになります。

具体例で考えてみる

それでは、前述の事例で、甲に不真正不作為犯の成立を認めることが可能でしょうか。まず、甲には自分の子である乙を保護する民法上の義務があるため（民法820条）、この規定が作為義務の発生根拠となります。

そして、甲が上記の作為義務を果たさない（不作為）ときは、乙が溺死する高度の危険性が生じます。つまり、殺人行為をした（作為）のと同視できる危険が発生します。このような緊急事態においては、今まさに危機に瀕している法益の主体（乙）と特別な関係に立つ者（甲）に対し、その法益を保護すべき作為義務が課せられていると考えることができます。

さらに、甲が乙を川から助ければ乙は死ななかっただろうし、水深50㎝の流れの緩やかな川から大人が子どもを助けるのは難しくないため、作為義務を果たすことは比較的容易であったといえます。以上を考慮すれば、甲は乙を救出する作為義務が課せられており（要件①を充たす）、それに反したために殺人罪と評価されてもやむをえないと考えられます。

結果的に、甲は作為義務を果たさず、乙を救出しなかったのですから、②の作為義務違反という要件を充たし、それは殺人罪の実行行為を行ったものと評価されます。したがって、甲には殺人罪の不真正不作為犯が成立します。

6 因果関係

因果関係とは

　実行行為と構成要件に該当する法益侵害の結果（これを「構成要件的結果」といいます）との間に要求される、実行行為と構成要件的結果とを結びつける関係を因果関係といいます。実行行為と構成要件的結果が存在するとしても、「実行行為がなかったならば、構成要件的結果が発生しなかった」という因果関係が存在しない場合は、犯罪が未遂にとどまります。このように、刑法における因果関係は、その行為が既遂犯として処罰できるか否かを決定するための重要な基準になります。民法などにおいても因果関係という言葉が用いられますが、その意味が異なる場合があることに注意が必要です。

　因果関係が要求される理由は、たとえ他人の法益を侵害するような行為に出たとしても、その行為と無関係に結果が発生した場合は、「その行為がなければ、その結果が生じなかった」とはいえず、犯罪行為を行った者を既遂として罪に問うことはできないと考えられるからです。

　たとえば、AがBを殺そうとして、Bの背後からピストルを発射しました。次の瞬間、Bはその場に倒れ、Aが生死を確認したところ、すでにBは絶命していました。Aは殺人罪の容疑で逮捕されましたが、その後の取調べで、実はBが死亡した理由はAに撃たれたためではなく、弾丸が当たる直前に心臓発作を起こしたためだったことが判明したとします。

　この場合、Aに殺人既遂の罪を認めることは、果たして妥当でしょうか。いくら、Aが他人をピストルで撃つような行

第2章 刑法総論

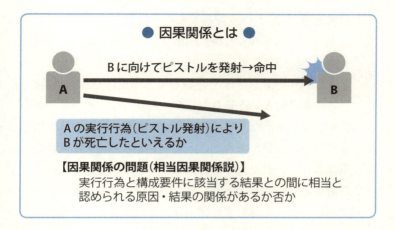

為に出たからといって、Bが死亡した原因が心臓発作にあり、Aの行為とはまったく関係がないのであれば、Bが死亡した結果に対する責任をAに問うことには無理があります。

このように、因果関係の概念は、被害者に生じた結果が実行行為と無関係であれば「被害者に生じた結果は、実行行為から生じたとすべきでなく、因果関係はない」という判断を導きます。そして、因果関係が認められない場合は、結果に対する責任（既遂の罪）を行為者に問うことはできません。未遂処罰規定がある場合に限り、未遂の罪を問うことになるのです。

どのように因果関係の存否を判断するか

因果関係があるかないかは、犯罪の成立・不成立を検討するにあたって非常に重要な意義をもちます。では、どのような基準を用いて、因果関係の存否を判断したらよいのでしょうか。

因果関係の存否を判断する基準は、これまでさまざまな形で主張されてきましたが、まず唱えられたのが条件説です。

条件説とは、「A という行為がなかったならば、B という結果はなかったであろう」という関係（条件関係）が認められれば、それだけで因果関係を肯定してよいとする説です。

　たとえば、甲がピストルを発射して乙の生命を奪った場合、甲のピストル発射という行為がなかったならば、乙が死ぬという結果が生じなかったわけですから、甲の行為と乙の死の結果との間には条件関係があるといえます。そして、条件関係があれば足りるので、因果関係が肯定されることになります。

　条件説は非常に明確であり、多くの場合は、条件説に基づいて因果関係の存否を判断すれば十分だといえるでしょう。

　しかし、「甲が乙を殴って軽い傷を負わせたので、乙は傷を治療するために病院に向かったところ、道の途中で落雷にあい絶命した」というような場合はどうでしょうか。

　条件説によれば、「甲が乙を殴る行為がなかったならば、乙が病院に向かうこともなく、したがって落雷のために命を落とすこともなかった」ということになります。その結果、「A という行為がなかったならば、B という結果はなかったであろう」という条件関係が成立するため、甲の行為と乙の死の結果との間に因果関係が認められ、甲は傷害罪よりも刑罰が重い傷害致死罪に問われることになってしまいます。

　しかし、この結論は妥当とはいえないでしょう。乙が落雷にあったのは単なる偶然であり、甲の行為とは直接的に何の関係もありません。そのような偶然によって生じた結果の責任まで、甲に負わせることは常識的でなく、公平でもありません。

▌相当因果関係説とは

　そこで、条件説を貫いた場合に生じる以上のような不都合を

第2章 ■ 刑法総論

是正するため、条件説に修正を加えた見解がいくつか唱えられています。その中でも、多くの支持を集めている見解が**相当因果関係説**という考え方です。

相当因果関係説は、社会的な常識から判断して、「通常、その行為からその結果が発生することが相当である」と認められる場合に因果関係を認める考え方です。言い換えれば、常識的に考えて、その行為のために、その結果が発生したといえないような場合には、実行行為と結果との間の因果関係を否定しようとするのが相当因果関係説なのです。

▌相当性の有無の判断

相当因果関係説については、その行為からその結果が発生することが相当といえるかどうかを判断する際に（このような判断を「相当性の判断」といいます）、どのような事情を考慮するかという問題について、さらに見解が分かれています。

この問題に対する代表的な見解としては、①主観説、②客観説、③折衷説の3つが存在します。

①**主観説**とは、行為者が行為当時に知っていた事情と予見することができた事情を、相当性の判断の際に考慮する考え方です。②**客観説**は、あたかも裁判官であるかのような視点で、行為当時に客観的に存在したすべての事情と行為後に生じた事情の中で一般人（通常人）が予見することができたものを選び出して、相当性の判断の際に考慮する考え方です。③**折衷説**は、主観説と客観説をミックスした考え方で、行為当時に、一般人が知っていたか、予見することができた一般的な事情と、行為者が現実に知っていたか、予見していた特別の事情を、相当性の判断の際に考慮する考え方です。

35

7 因果関係が問題となるケース

各説の帰結を具体例で考えてみる

　たとえば甲が乙を殴って出血を伴う傷を負わせ、乙が死亡したケースで、乙が血友病の患者で血が止まりにくい特質をもっていた場合、相当因果関係説の各説において、甲の行為と乙の死の結果との間に因果関係を認めることは可能でしょうか。

① **主観説**

　乙の血友病が一般的に知られているかではなく、行為者甲が乙の血友病を知っていたか（認識）、知ることができたのであれば（予見）、甲の殴打と乙の死の結果との間の因果関係を肯定することができ、甲に傷害致死罪が成立します。

② **客観説**

　行為当時に存在した客観的な全事情を考慮に入れるので、乙が血友病であるという事実は当然に考慮され、因果関係が肯定され、甲に傷害致死罪が成立します。

③ **折衷説**

　行為当時に、一般人が知っていたか、予見することができた事情と、行為者が現実に知っていたか、予見していた事情を考慮するので、甲が乙を殴打した時点で、乙の血友病が広く知られていたり（一般人が認識可能）、甲が乙の血友病を認識していたりすれば、因果関係が肯定されます。

因果関係の中断

　ＸがＹに殴られ、治療のために病院に向かう途中に落雷にあい絶命したというケースで、「因果関係の進行中に、落雷の

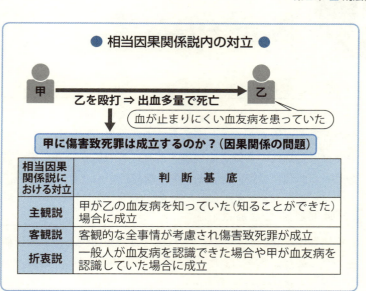

ように自然的事実や故意に基づく他人の行為が介入した場合には、因果関係は中断し、その行為と結果との間に因果関係は存在しない」という形で、条件説からも因果関係を否定する理論が主張されています。これを因果関係の中断論といいます。

仮定的因果関係

条件関係は「これなければあれなし」という関係ですが、たとえば、死刑執行人Xが、Aの死刑執行ボタンを押そうとした瞬間に、YがXを突き飛ばしてボタンを押した場合、Yの行為がなくても死刑執行によって同じ結果が発生したという意味で、条件関係がないようにも見えます。しかし、このような仮定的条件関係を考慮するのは妥当でないとして、Yの行為とAの死亡との間の条件関係を認めるのが一般的です。

8 違法性の本質

違法性とは何か

　犯罪が成立するためには、行為が構成要件に該当し、さらに、その行為が違法であることが必要です。この「違法であること」の本質（違法性の本質といいます）を、どのように考えるべきかという問題については、さまざまな見解が示されています。

結果無価値と行為無価値

　違法性の本質については、主に、行為無価値説と結果無価値説の2つの説が唱えられています。「無価値」とは、「価値がない」という意味ではありません。これは「悪い」くらいの意味に置きかえて考えるとよいでしょう。

　まず、行為無価値説は、行為が社会倫理などに違反しているか否かを基準として違法性を判断します。つまり「行為が悪いから違法なのだ」とします。これに対し、結果無価値説は、法益の侵害やその危険が及んだか否かを違法性の基準とします。つまり「結果が悪いから違法なのだ」とします。

結果無価値説と行為無価値説が対立する場面

　両説の考えの違いを、殺人罪を例に述べてみましょう。行為無価値説からは、「殺人は社会倫理に違反するから違法なのだ」と説明することになります。一方、結果無価値説からは、「殺人は個人の生命という法益を侵害するから違法なのだ」と説明することになるわけです。

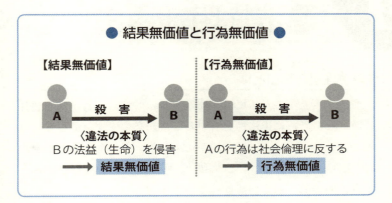

主観的違法性論と客観的違法性論

　違法性の本質の議論とは別に、違法性の判断の上で、物事の善悪を判断できる者の行為でなければ、違法の評価を受けることはないのか、という問題があります。この問題をめぐり、主観的違法性論と客観的違法性論という見解が対立しています。

　主観的違法性論は、物事の善悪を判断できる者の行為でなければ、その行為を違法とすることはできないと考えます。

　一方、客観的違法性論は、違法性を判断する際に、行為者の行為が客観的に法に違反してさえいれば、行為者が善悪を判断できるか否かを問わず、その行為を違法と判断してよいと考えます。この客観的違法性論を論理的に徹底すると、動物や物による侵害も違法性がある、と判断することになります。

　行為者が「物事の善悪を判断できるか否か」という主観的な問題は責任の段階で検討しなければならない、と一般には考えられています。そのため、主観的違法性論は違法と責任を混同する考えだと批判され、現在では客観的違法性論が通説の地位を占めています。

9 違法性阻却事由

違法性阻却事由とは

　犯罪が成立するためには、問題となっている行為が構成要件に該当し、さらに違法性を有することが必要です。そして、行為が違法性を備えているかどうかの判断は、**違法性阻却事由**（違法性をないものとする事由）があるかないかを検討するという、間接的な形で判断されています。

なぜ違法性阻却事由を検討するのか

　違法性阻却事由の存否の検討が必要なのは、構成要件に違法性推定機能があるためです。構成要件に該当した行為は原則として違法であると推定され、その推定が覆されない以上は「構成要件に該当し違法である」となり、責任阻却事由も認められなければ犯罪が成立します。言い換えると、構成要件に該当する行為の違法性を否定する、という役割を果たすのが違法性阻却事由なのです。

正当行為と緊急行為がある

　違法性阻却事由には大きく正当行為と、緊急行為の2つがあります。ここでは緊急行為について説明していきます。

　緊急行為とは、国家の保護を受ける余裕のない緊急の場合に、自己や第三者の利益を守るため、他者の法益を侵害する行為のことです。他者の法益を侵害している以上、構成要件該当性が認められ（違法性や責任が推定され）、犯罪が成立するはずです。しかし、緊急行為は違法性が阻却され、罪を問われなくな

40

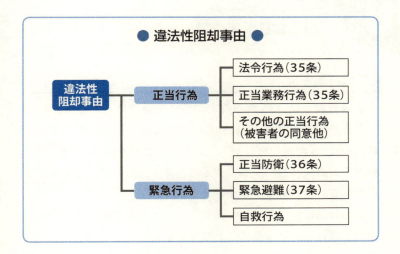

るのです。緊急行為には、①正当防衛、②緊急避難、③自救行為の3種類があります。正当防衛と緊急避難は項目を改めて説明しますので、ここでは自救行為を見ていきましょう。

自救行為とは、権利を侵害された者が、法律上の救済手続を待っていると権利の回復が不可能か困難となる場合に、自力でその権利の回復を図ることです。正当防衛や緊急避難は刑法の条文に規定がありますが、自救行為に関する規定は存在しません。そのため、安易に自救行為を認めるのは、「盗られた物は自分の手で取り返せ」という風潮を認めることになり危険です。そこで、自救行為の成立要件が問題となります。

一般には、①権利が不法に侵害されたこと、②自力救済しなければ、権利の実現ができなくなるか著しく困難になるような緊急状態にあること、③その自救行為が社会的に許容できる範囲内にあること（つまり過度に乱暴なものではないこと）が、自救行為の成立要件として挙げられています。

10 正当行為

正当行為とは

　正当行為とは、35条の規定する「法令又は正当な業務による行為」のことです。具体的に、35条により違法性が阻却されるのは、「問題の行為が、形式的には法律の条文に違反するが、実質的には違法でなく、その行為が正当化されるような場合である」と考えることができます。

　正当行為については、①法令行為、②正当業務行為、③その他の正当行為に分けることができます。

① 法令行為

　法令行為とは、法律の条文の規定に基づいて、権利の行使や義務の履行として行われる行為のことです。

　たとえば、刑事訴訟法に基づく死刑の執行、母体保護法に基づく人工中絶などです。死刑の執行は、人の生命を奪う行為として殺人罪の構成要件に該当し、母体保護法の中絶行為も堕胎を禁じた堕胎罪の構成要件に該当します。しかし、ともに法律に基づく行為であるため、違法性が阻却されて殺人罪や堕胎罪に問われません。

② 正当業務行為

　35条は「正当な業務による行為」も違法性が阻却されることを定めています。ここで注意したいのは「業務」の意味です。業務という言葉からは、職業として行われる仕事をイメージする人が多いと思います。しかし、刑法でいう業務は、職業として行うかどうかを問わず、「社会生活上において反復・継続される事務」を指すと考えられています。もちろん職業として行

第2章 ■ 刑法総論

● 正当行為 ●

正当行為　**法令**または**正当な業務**による行為
∴犯罪が成立しない

【法令行為】
法律などに基づく権利・
義務の行使
（例）

死刑執行
➡殺人罪は成立しない

産科医による中絶行為
➡堕胎罪は成立しない

【正当業務行為】
社会生活上正当なものとして
反復・継続される事務
（例）

医師が行う手術
➡　傷害罪は成立しない

ボクシングなどのスポーツ
➡　傷害罪は成立しない

われる仕事も業務にあてはまります。

　業務の代表例としては、医師が行う手術が挙げられます。患者の身体にメスを入れる行為は、ケガを負わせるのに等しいため、傷害罪の構成要件に該当します。しかし、医師が行う手術は、病気やケガを治療して生命を救う行為ですので、正当業務行為として違法性が阻却されるのが原則です。その他、相撲やボクシングのようなスポーツも業務に含まれます。

　ただし、正当業務行為として違法性が阻却されるのは、業務が法律やスポーツのルールなどに従い正当に行われていた場合です。正当性がない業務は違法性が阻却されません。

③　その他の正当行為

　法令行為または正当業務行為に該当しなくても、法的に正当とみなされる行為であれば、違法性が阻却されます。たとえば、被害者が承諾を与えている場合などが挙げられます。

43

11 被害者の承諾

どんな問題なのか

　被害者の承諾とは、法益の主体である被害者が自らの法益に対する侵害に同意することをいいます。たとえば、AがBの自転車を盗もうとしていたところ、Bが「盗みたければ、どうぞ盗んでいってください」と告げた場合が挙げられます。

被害者の承諾の効果

　被害者の承諾により法益の侵害が許された場合、法が守るべき法益は存在しなくなるといえます。その結果、問題となっている実行行為は、構成要件に該当する行為ではないと判断されるか、構成要件に該当する行為ではあるが違法性が阻却されると判断され、犯罪不成立となるのが原則です。

　ただし、13歳未満の者（被害者）に対するわいせつ行為や性交等のように、被害者が承諾していても犯罪（強制わいせつ罪、強制性交等罪）が成立するケースがあります。

被害者の承諾の成立要件

　被害者の承諾が成立するためには、以下の2つの要件を充たす必要があります。

① 承諾の対象となっている法益が個人的法益であること

　個人的法益（個人に帰属する法益）が要求されているのは、社会や国家に帰属する法益の侵害に対して、個人が承諾を与えることはできないからです。たとえば、不特定多数の生命・身体・財産という社会の安全が法益である放火罪について、被害

第 2 章 刑法総論

● 被害者の承諾 ●

① A が B の自転車を盗もうとしている

② 「盗みたければ、どうぞ盗んでいってください」と告げる
⇒【被害者の承諾】
∴ A の窃盗罪は成立しない

B の自転車

被害者の承諾の成立要件
① 承諾の対象となっている法益が個人的法益である
　➡ B の自転車（B 個人の財産）
② 承諾が有効なものであること
　➡ B は A に脅されるなどしていない

者の承諾を認めることはできません。

② 承諾が有効なものであること

被害者の承諾が自らの法益への侵害を許すという重大な結果をもたらす以上、その承諾は有効なものでなければなりません。したがって、脅されるなどして承諾を強要されたような場合には、その承諾は無効であり、違法性は阻却されません。

どこまで同意を認めるべきか

上記の要件が充たされても、被害者の承諾の成立を認めるべきではない（違法性を阻却すべきではない）といわれるケースがあります。やくざの指つめや、保険金詐欺の目的で第三者に頼んで自分を傷つけてもらう場合などです。特に行為無価値説の立場からは、このような非常識・不道徳な場合（社会的相当性を欠く場合）にまで、被害者の承諾は認められない（違法性は阻却されない）と判断することになります。

12 正当防衛

正当防衛とは

　正当防衛とは、急迫不正の侵害に対し、自己や他人の権利を守るため、やむをえずにした行為のことです（36条）。急迫とは、法益侵害の危険が間近に迫ること、不正の侵害とは、違法に他人の法益に実害や危険を与えることです。

　たとえば、いきなりナイフで襲われたので、そのナイフをとっさに奪う行為が正当防衛にあたります。この場合、侵害者の所有物であるナイフを奪ったため、窃盗罪の構成要件に該当します。しかし、いきなりナイフで襲いかかる行為が急迫不正の侵害であり、ナイフを奪う行為が自己の生命・身体という法益を守るためであったことから、正当防衛が認められ、違法性が阻却されます。なお、自分以外の第三者に対して急迫不正の侵害が加えられた場合にも、正当防衛は認められます。

正当防衛の成立要件

　正当防衛が成立するためには、急迫不正の侵害があること、それを避けるべく、自己や第三者の法益を守るため、やむをえずにした行為であることが必要です。急迫不正の侵害の意味は、上記で述べたとおりです。これに対し、「やむをえずにした行為」の意味は、一般に必要性や相当性のある行為だと考えられています。具体的に見ていきましょう。

「必要性」の意味

　防衛者の反撃が侵害行為を排除するのに必要であることを意味します。侵害行為を排除するのに不要な反撃を正当防衛とす

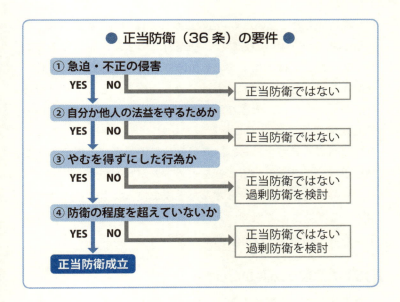

る理由はないため、この要件が求められているわけです。

「相当性」の意味

正当防衛における「相当性」には、2つの意味が含まれています。その1つは、ⓐ防衛行為によって害された侵害者（加害者）の法益と、ⓑ侵害行為によって害されようとした防衛者の法益とを比較した場合に、ⓐがⓑよりも著しく過大ではない、ということです。

たとえば、甲が乙の命を奪おうとナイフで襲ってきたときに、乙が近くにあった棒で甲を殴り、その頭を傷つけた場合、乙の防衛行為で侵害された甲の法益は「身体」ですが、甲の侵害行為で害されようとした乙の法益は「生命」です。両者を比較した場合、侵害者甲が害された身体という法益（身体の傷害）は、防衛者乙が害されようとした生命という法益（死の危険性）よ

りも著しく過大でないため、乙の防衛行為は相当と評価されます。

　相当性のもう1つの意味は、防衛行為の手段が相当であることです。たとえば、相手が素手で殴りかかってきたのに対して身を守る場合でも、同じく素手で殴りかかるのと、ナイフで斬りかかるのとでは、大きな隔たりがあります。正当防衛といっても構成要件に該当する行為（違法性や責任が推定される行為）であるわけですから、防衛行為は侵害行為に対応する必要最小限度の手段を用いることを求めるのが判例です。

　つまり、防衛のためならどんな手段を使ってもよいわけではないのです。上記の例でいえば、素手に対してナイフで斬りかかるのは不相当な手段と評価されることになるでしょう。

▌防衛の意思が必要かどうか

　正当防衛の成立要件として、前述した正当防衛の要件に加えて防衛の意思を必要とするかが議論されています。この防衛の意思に関する議論は、偶然防衛という問題と密接に関わっています。

　偶然防衛とは、たとえば甲が乙を殺そうとピストルを発射したところ、たまたま乙も甲を殺すためピストルを発射しようとしており、甲の弾が乙に命中して死亡したという場合が挙げられます。この場合、甲の行為は正当防衛と評価することができるのかが問題となるわけです。

　甲の行為を客観的に見れば、「甲を殺すためピストルを発射する」という乙の急迫不正の侵害を避けるため、「ピストルを乙に発射する」という必要で相当な行為をしたといえます。

　しかし、実質的に見れば単に犯罪行為を行ったにすぎない偶然防衛を、客観的に見て正当防衛の要件が備わっているという理由で違法性を阻却するのは妥当でしょうか。実際、偶然防衛

は処罰するべきだという意見が学者の間では多数であり、その処罰根拠として主張されたのが、「正当防衛が成立するためには、防衛の意思が必要である」という考え方だったのです。

正当防衛の要件の１つとして防衛の意思が要求されるのであれば、偶然防衛は正当防衛にあたりません。甲がピストルを発射したのは乙を殺害するためであって、防衛の意思に基づいたものではないからです。偶然防衛を処罰する観点からは、防衛の意思を正当防衛の要件とする考え方は、非常に魅力的なものといえます。

なお、前述した客観的違法性論の徹底を図る立場からは、違法性に関わる正当防衛の要件に、防衛の意思のような主観的な要素を含めるのは不適切であると批判されています。

防衛の意思の内容

防衛の意思を正当防衛の要件とする立場をとるとしても、防衛の意思の内容については若干の議論があります。

一口に防衛の意思といっても、純粋に自分を守るだけの意思しかない場合もあれば、相手を攻撃しようという意思が含まれている場合もあります。そこで、どんな内容であれば、防衛の意思を認めることができるのかが問題になるわけです。

この問題については、一般に「防衛しようという積極的な意図までは必要ではなく、自分が防衛行為を行っているという認識があればよい」と考えられています。このような防衛行為の認識さえあれば、多少は攻撃の意思が含まれていてもかまわないということです。判例も同様の見解で、特別に攻撃の意思をもって反撃行為に出ていない場合には、防衛の意思を認めることができるとの判断を示しています。

13 緊急避難

緊急避難とは

　緊急避難とは、自己や他人の生命、身体、自由・財産に対する現在の危難を避けるため、やむをえずにした行為のうち、これによって生じた害が、避けようとした害を超えなかった場合をいいます（37条）。

　「現在の危難」とは、法益侵害の危険が間近に迫っていることを意味します。正当防衛の「不正の侵害」と異なり、違法な法益侵害でなくても、法益侵害の危険が何らかの理由で生じている状況であれば足ります。

　たとえば、ガス自殺をしようと部屋に閉じこもったAがいたとします。Bがそれを発見して助けようと扉を破った場合、その行為は器物損壊罪の構成要件に該当します。しかし扉を破ったのは、Aに迫っていた生命の危険からAを助けるため、つまりAの現在の危難を「避ける」ためです。

　そこで、Bの行為には緊急避難が成立し、扉を破った行為の違法性が阻却されるわけですが、この場合の「現在の危難」であるガス自殺による生命の危険は、自殺が犯罪でない以上、必ずしも違法なものではありません。つまり、「不正の侵害」ではないのです。そこで、正当防衛は成立せず、自殺を「現在の危難」ととらえて、緊急避難を認めるということです。

　そこで、不正なものではないという意味において、「現在の危難」は「正」的なものだといわれています。つまり、正当防衛では、侵害する側と侵害される側との関係が「不正」対「正」であるのに対して、緊急避難では「正」対「正」の関係に立つ

50

第 2 章 ■ 刑法総論

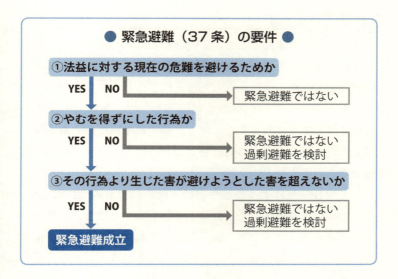

わけです。この「不正の侵害」と「現在の危難」に表れる差異が、正当防衛と緊急避難との大きな違いといえます。

「生じた害が避けようとした害を超えなかった」とは

正当防衛と異なり、緊急避難では「これによって生じた害が、避けようとした害を超えなかった」ことが必要です。これを法益権衡（けんこう）の原則といいます。

たとえば、Aがガス自殺を図った先の例の場合には、「これによって生じた害」は、ドアが破壊されたことです。つまり、損害を受けた法益は「財物」にすぎません。一方、「避けようとした害」は、自殺によってAの生命が失われることです。つまり、救われた法益は「生命」です。この場合、生じた害である「財物」の損傷は、避けようとした害である「生命」の喪失を超えていないため、緊急避難が認められます。

正当防衛の場合

　以上の緊急避難に対して、正当防衛では「これによって生じた害が、避けようとした害を超えなかった」という法益権衡の原則は要求されていません。たとえば、カバンを盗まれそうになったときに、それをやめさせようとして、加害者の腕をひねってねんざを負わせたとしても、必要最小限度の防衛手段を用いているとことから、防衛行為の相当性が認められ、正当防衛は成立します。

　この場合、避けようとした害は「財物」であるのに対して、生じた害は「身体」です。財物と身体を比べた場合、身体のほうが価値が高いはずです。緊急避難であれば、このような場合に、その成立を認めることはできないでしょう。しかし、正当防衛の成立が肯定されるのは、正当防衛が「不正」対「正」の関係に立つからです。不正な行為をした者は、自分に生じた害（法益侵害）が著しく過大でない限り、自分の法益が守られない結果となってもやむを得ないということです。

緊急避難の根拠

　正当防衛が違法性を阻却することには異論がありません。しかし、緊急避難については、違法性を阻却すると考えるべきだとする見解と、責任を阻却すると考えるべきだとする見解の対立があります。違法性を阻却するとは、その行為が違法ではないとの価値判断をすることに他なりません。不正な侵害を撃退する行為である正当防衛であれば、このような価値判断を示すことに何ら問題はないでしょう。

　しかし、緊急避難は、何も悪いことをしていない他者の法益を侵害することを認めるものです。いくら緊急事態だからと

いって、まったく無関係な第三者が損害を被るような行為を「違法ではない」と言い切ってしまってよいのでしょうか。

　緊急避難を責任阻却事由であるとする見解は、このような疑問に配慮して、「緊急避難はやはり違法性が阻却されず違法なままであるが、責任が阻却され犯罪が成立しないことになるのだ」と説明します。緊急避難を責任阻却事由であるとする見解は、緊急避難行為が「他者の法益を侵害する違法な行為である」という実質に着目した見解です。

　判例や多数の学説は、緊急避難を違法性阻却事由と考えています。それは、緊急避難を責任阻却事由とすると、緊急避難となる行為は違法となり、侵害する側と侵害される側との関係が「正」対「不正」といういびつなものとなってしまうからです。「正」の行為に対し「不正」の行為で応じても犯罪が成立しない、というのは違和感があるといえます。実は先ほど述べた緊急避難の「正」対「正」の関係は、違法性阻却事由説を前提とするものなのです。

過剰防衛と過剰避難

　過剰防衛とは、正当防衛の他の要件は充たすものの、反撃行為が防衛といえる程度を超えている場合です。つまり、防衛行為が相当ではない場合です。一方、過剰避難とは、緊急避難の他の要件は充たすものの、避難行為が避けようとした害の程度を超えている場合です。過剰防衛や過剰避難は、ともに正当防衛・緊急避難と認めることはできませんが、過剰防衛は36条2項により、過剰避難は37条1項但書により、裁判で、刑を軽くしてもらったり免除してもらうことができます。

14 責任主義と期待可能性

犯罪が成立するには責任が必要

犯罪が成立するためには、行為が構成要件に該当し、違法性を備えた上で、さらに行為者に責任がなければなりません。

刑法における責任とは、「違法な行為を行った者を非難することが可能な状態にあること」を意味します。

外側から見れば違法な行為でも、その行為者の内心の状況などを検討すれば、犯罪者として非難するまでもないような例はいくらでもあります。たとえば、4歳の幼児が、おもちゃ屋で見つけた高価なおもちゃを、そのまま手にとって外に持ち出したような場合はどうでしょうか。幼児の行為は、窃盗罪の構成要件に該当し、違法性も備えています。しかし幼児に刑罰を科すべきだと主張する人はほとんどいないでしょう。それは、幼児には、何がよいことで、何が悪いことなのか、という是非善悪を判断する能力が備わっておらず、非難しても仕方がないと一般的に認識されているからです。

このように、責任は、行為者の是非善悪を判断する能力や心理状態などを考慮して、行為者の行為を非難することができない場合に、犯罪の成立を否定する機能を果たします。

責任には故意・過失という要素がある

責任の具体的な内容をめぐっては、学説において争いがありました。まず主張されたのが、責任を構成する要素（責任の要素）は、責任能力を前提とした心理的事実である故意・過失であるという見解でした（心理的責任論）。

第2章 ■ 刑法総論

● 責任の要素 ●

【例】

4歳児 →高価なおもちゃを外に持ち出した→ おもちゃ屋

窃盗罪の
①構成要件に該当し、②違法性を阻却する事情もない
（しかし）幼児に刑罰を科すのは適切ではないと考える
　　　　人がほとんど
　　　　⇒ **責任が阻却され犯罪不成立（41条）**

責任要素 責任能力、故意・過失、期待可能性（適法な行為に出ることが期待できたか）⇒行為者が非難するに値するかを判断する（規範的責任論）

期待可能性も要求される

　しかし、責任があるかどうかは、行為者を非難できるかどうかを判断することです。そうすると、責任の要素には非難できるかどうかを判断する根拠が必要といえます。そこで、責任能力や故意・過失という要素に加えて、期待可能性も責任の要素だとする見解が主張されています（規範的責任論）。期待可能性とは、行為したときの具体的な事情を考えると、適法な行為ができたはずであったのに、行為者がそれをしなかった場合に、行為者を非難することが可能となるというものです。

　このように、期待可能性とは、責任の機能である「非難可能かを判断する役割」を具体的に担うものであり、期待可能性を責任の要素に含める見解は非常に説得的だといえるため、現在では規範的責任論が通説となっています。

55

15 責任能力

責任無能力者には刑罰を科さない

責任能力とは、自己の行為が適法か違法かの判断ができ、その判断に基づき自己の行為をコントロールできる能力のことです。そして、自己の行為が適法か否かを判断できない者や、その判断ができても自己の行為をコントロールできない者を責任無能力者といいます。原則として責任無能力者には刑罰が科されません。

刑法は責任無能力者について、心神喪失者と刑事未成年者の規定を置き、限定責任能力（責任能力が低い状態）について心神耗弱者の規定を置いています。

① 心神喪失者

39条1項は「心神喪失者の行為は、罰しない」と定めています。心神喪失者とは、精神の障害により、自己の行為が適法か違法かを判断できなくなっているか、その判断に従って行動をコントロールできなくなっている者です。具体例としては、強度の精神病患者などが挙げられます。

心神喪失者には責任能力がないので、その行為は責任が阻却され、犯罪が成立しません。精神の病を患った人が事件を起こすたびに、罪に問われないことが非難されますが、刑法が責任主義を採用している以上、非難可能性がない心神喪失者に対して責任を認めることには慎重であるべきだといえるでしょう。

② 刑事未成年者

41条は「14歳に満たない者の行為は、罰しない」と定めています。刑罰の対象とならない14歳未満の者を刑事未成年者

第2章 ■ 刑法総論

● 責任無能力者 ●

責任能力 物事の是非善悪を判断して
自己の行為をコントロールする能力

↓

責任能力を欠く者 ➡ 責任無能力者として犯罪の成立が
否定される

①心神喪失者 ⇒精神の障害により責任能力を失って
いる状態

②刑事未成年者 ⇒14歳未満の人

③心神耗弱者 ⇒責任能力の判断が通常人よりも劣って
いる状態（限定責任能力）

といいます。刑事未成年者は肉体的・精神的に発達過程にあり、
刑事責任を問うのは適当でないと考えられたためです。

　もっとも、少年犯罪などに関する特別な取扱いを定めた少年
法の規定により、16歳未満の者に対しては、16歳になるまで
の間、少年院で刑を執行することができます。

③　心神耗弱者

　39条2項は「心神耗弱者の行為は、その刑を減軽する」と
規定します。心神耗弱者とは、精神の障害により、自己の行為
が適法か違法かを判断する力が通常人（一般人）より劣った状
態になっているか、その判断に従って行動をコントロールする
能力が通常人より劣った状態にある者のことです。

　心神耗弱者は、責任能力が皆無ではありませんが、通常人と
比べれば責任能力が低いため、刑が減軽されます。

　なお、どのような場合に心神喪失や心神耗弱にあたるのかに
ついては、実際の刑事裁判で裁判所の判断に委ねられています。

57

16 原因において自由な行為

どんな概念なのか

責任無能力や限定責任能力の状態にある者でも、完全な責任を問うべきではないか、と考えられる場合があります。それが原因において自由な行為です。たとえば、Aは、酒に酔うと暴力的になるという性質を利用して、酒を飲んで酔っぱらい、意識を失った状態でBを殺害したとします。この場合、Aは殺害時に心神喪失状態に陥っています。実行行為の時には責任能力がなかったため、Aの責任を問うことは難しそうです。

しかし、故意や過失により自らを責任無能力の状態に陥れて、構成要件に該当する違法な行為を行った場合は、責任能力を認めて、犯罪を成立させようという意見が主張されています。原因において自由な行為は、このような考えを表した概念です。

可罰性をいかにして認めるべきか

もっとも、責任主義の観点からは、「実行行為時に行為者に責任能力が備わっていなければ、その行為者を処罰できない」というのが大原則です（行為と責任の同時存在の原則）。

そこで原因において自由な行為を、間接正犯（他人を道具として使い間接的に実行行為を行う場合）と類似の構造でとらえる考え方が提唱されました。つまり、原因において自由な行為は、責任無能力になる前の行為者の行為により、道具となった自分自身を使って犯行の目的を達成するものと考えます。

前述の例では、Aがお酒を飲み始めた行為に実行行為を求めることができます。すると、実行行為時には責任があったとい

第2章 ■ 刑法総論

● 原因において自由な行為 ●

〈原因行為時〉
A 飲酒行為
→
〈実行行為時〉
A 酩酊状態
酩酊状態でBを殺害
⇒責任無能力状態
B

責任能力肯定
責任無能力状態を
利用する意思

原因において自由な行為

原因において自由な行為 行為と責任同時存在の原則を修正

◎実行行為を含む行為者の一連の行為の中に、自らを責任
無能力や限定責任能力状態に陥らせようという行為に
非難すべき事情があれば、行為者に責任を認めてよいと
考える

え、行為と責任の同時存在の原則に反しません。

行為と責任の同時存在の原則の修正

しかし、原因において自由な行為を間接正犯と類似の構造で
とらえると、常識や理解力がわずかにでも残っている心神耗弱
の状態の場合、行為者が道具になったと評価するのは困難です。

そこで現在では、行為と責任の同時存在の原則に若干の修正
を加える見解が支持を得ています。つまり、実行行為を含む行
為者の一連の行為の中に非難できる事情があれば、行為者に責
任を認めてよいとする考え方を前提に、自らを責任無能力や限
定責任能力の状態に陥らせようという行為に非難できる事情が
あれば、行為者に責任を認めてよいとする見解です。

この立場であれば、実行行為時に限定責任能力状態にとど
まった場合でも、行為者に責任を問うことが可能です。

59

17 故意の意義

故意とは

　故意とは「罪を犯す意思」のことです。わが国の刑法は、故意がなければ犯罪が成立しないのを原則としています（38条1項）。これを故意犯処罰の原則といいます。なお、38条1項但書では「ただし、法律に特別の規定がある場合は、この限りではない」として、過失犯を例外的に処罰することを認めています。過失犯については、後に説明することにします。

故意の体系的地位

　故意は、①構成要件のレベルと、②責任のレベルで検討されるべきであると、一般に考えられています。故意は責任の要素である（責任故意）のと同時に、構成要件の要素でもある（構成要件的故意）とみなされているからです。

① 構成要件のレベルでの故意の意味

　構成要件の要素としての故意を構成要件的故意といいます。構成要件的故意の内容は、一般に構成要件に該当する客観的な事実を認識することであると考えられています。

　窃盗罪を例にすれば、現在自分が窃盗行為を行っているということを認識している場合に、構成要件的故意があるとみなされるわけです。そして、構成要件的故意のような概念がなぜ必要なのかは、たとえば「AがBをナイフで襲い、結果としてBの命を奪った」という場合を考えてみればよいでしょう。

　この場合、Aには殺人罪が成立するのでしょうか、それとも傷害致死罪が成立するのでしょうか。このとき、Aが殺すつも

第2章 ■ 刑法総論

● 故意の体系的地位 ●

故 意 「罪を犯す意思」 ➡ 責任要素や構成要件要素と
とらえられている

◎**構成要件要素としての故意**
⇒構成要件に該当する客観的な事実を認識すること
【例】AがBをナイフで襲い命を奪った
➡「殺すつもりで襲いかかった」**故意** … 殺人罪
「傷つけるつもりで襲いかかった」**過失** …傷害致死罪

◎**責任要素としての故意**
「構成要件に該当する行為を自分が行っている」
認識をもっている行為者 **⇒非難することが可能**

りで襲ったのか、傷つけるつもりで襲ったのかという内面の状態は、自己の行為に対する認識、つまり構成要件的故意によって区別されるわけです。この例では、Aが殺人の故意でBを襲っていれば殺人罪となり、傷害の故意でBを襲っていれば傷害致死罪となります。

つまり、構成要件的故意は、行為者の行為がどの構成要件に該当するかを明らかにするために必要な概念なのです。

② **責任のレベルでの故意の意味**

故意はまた、責任能力や期待可能性とともに、責任の要素でもあり、責任要素としての故意を責任故意といいます。

責任故意としては、自分の行為に違法性阻却事由を基礎づける事実（正当防衛にあたる事実など）がないという認識が要求されます。これに加えて、後述する違法性の意識の可能性を要求する考え方が比較的多く支持されています。

18 違法性の意識

違法性の意識は故意に含むか

　故意を認めるためには、犯罪行為を行っているという「事実」の認識が必要です。それに加えて、責任故意として「自分が行っていることは、法律上禁止されている（違法である）」ことを認識していることが必要か否か、というのが違法性の意識と呼ばれる問題です。自分の行為が「法的に許されている」と信じ込んでいる人に対して、刑法が処罰という非難を向けるのは不適切ではないか、という問題意識が背景にあります。

　なお、38条3項では「法律を知らなかったとしても、そのことによって、罪を犯す意思がなかったとすることはできない」と規定しています。これは「法律の不知」と呼ばれる概念に関する規定であって、違法性の意識の問題とは別であることに注意が必要です。

　法律の不知とは、自分の行為が法的に許されないことは認識しているものの、それが具体的にどの刑罰法規に違反しているのかを認識していない場合や、具体的にどのような刑罰を与えられるのかを認識していない場合をいいます。たとえば、ダイナマイトを用いてつり橋を破壊した人が、自己の行為が「爆発物取締罰則」に違反していることを認識していないような状態を指します。このような法律の不知について、判例は一般に故意を認めています。

　これに対し、「違法性の意識」の問題は、自分の行為が法的に許されていると信じている人（法律の錯誤）について、故意を認めることができるのかという形で問題になります。

● 違法性の意識と法律の不知 ●

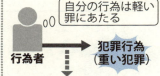

違法性の意識をめぐる考え方

　責任故意を認めるためには、違法性の意識や違法性の意識の可能性が必要か否かをめぐって見解の対立があります。

　このうち、違法性を意識するか意識する可能性がなければ、責任故意を認めることはできない（故意不成立の場合は過失犯の成否が問題となる）と考える見解を故意説といいます。故意説はさらに、①違法性の意識がなければ責任故意は成立しないと考える見解（厳格故意説）と、②違法性の意識までは必要ないが、違法性の意識の可能性は必要だと考える見解（制限故意説）に分けられます。②が比較的多くの支持を受けています。

　これに対し、③違法性の意識の可能性という要素を、責任故意とは別個の責任の要素であると考える見解（責任説）も有力に主張されています。責任説は、罪を犯す意思である故意は「あるかないか」に尽きるのであって、「可能性」という概念を含めるべきではないとして、②の見解を批判しています。

19 錯誤の種類

錯誤とは

　甲が乙を殺そうと思って、乙の机に置いてあるお茶に毒を入れたところ、それを誤って丙が飲み、殺そうと思っていなかった丙を殺してしまった、ということも起こりえます。このように、行為者が実行行為を行ったときの認識と、実際に生じた結果とが食い違った場合を錯誤といいます。

　錯誤がある場合、生じた結果について故意を認めることができるのかが問題になります。これを錯誤論といいます。錯誤論は、①事実の錯誤と、②法律の錯誤（違法性の錯誤あるいは禁止の錯誤ともいいます）に分けて議論されています。

事実の錯誤と法律の錯誤

　事実の錯誤とは、客観的に構成要件に該当する犯罪事実が存在しても、主観的に行為者がそれを認識していない状態をいいます。故意があるといえるためには、構成要件に該当する事実を認識していることが必要ですから、行為者がそれを認識していないのであれば、故意を認めることはできないのが原則です。しかし、客観的な事実と主観的な認識との間の食い違いの程度によっては、故意を認めるのが妥当な場合もあります。

　この議論は、同一の構成要件内の錯誤である具体的事実の錯誤と、異なる構成要件間の錯誤である抽象的事実の錯誤とに分けて検討されています。それぞれ項目を変えて見ていきます。

　一方、法律の錯誤とは、錯誤によって法律上許されていると思い込んだか、法律上許されているかどうかなど考えずに違法

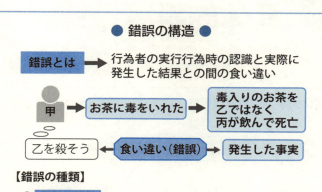

　な行為を行うことです。たとえば、小さい時に大麻の所持が合法である外国で暮らしていたため、日本でも大麻の所持が法的に認められていると思っていた甲が、大麻を趣味で所持していたようなケースです。この場合、自己の行為が法律上許されると思い込んでいる以上、行為者に故意があったといえるのかどうかが問題になります。

　法律の錯誤があった場合、故意や責任にどのような影響が生じるのでしょうか。この問題は、故意や責任を認めるのに違法性の意識や違法性の意識の可能性が必要か否か、という議論と関連して処理されることになります。

20 具体的事実の錯誤

▌3つに分類できる

具体的事実の錯誤は、同一の構成要件内で行為者の意図（主観）と発生した結果（客観）との間に食い違いが生じる錯誤のことです。その態様に応じて3つに分類できます。

① **客体の錯誤**

行為者が狙った客体に結果が発生したが、その客体が行為者の意図していた客体ではなかった場合です（客体の取り違え）。

② **方法の錯誤**

行為者が狙った客体ではなく、狙いがそれるなどして別の客体に結果が発生した場合です。

③ **因果関係の錯誤**

行為者の意図したとおりの客体に結果が生じたものの、事前に認識していた因果の経過と、現実に発生した因果の経過が異なるような場合です。

▌具体的符合説と抽象的符合説

以上の3つの態様のうち、因果関係の錯誤は故意の成否に影響しないと一般に考えられているため、ここでは客体の錯誤と方法の錯誤に絞って説明していきます。具体的事実の錯誤の処理に関しては、具体的符合説と法定的符合説という2つの対立する学説が唱えられています。

① **具体的符合説**

行為者の認識した内容と、発生した事実が具体的に一致しなければ、故意を認めることはできないという見解です。

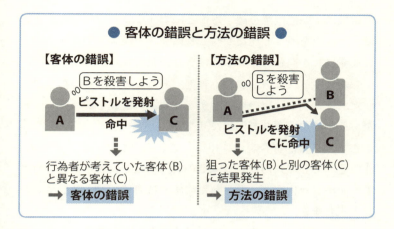

② 法定的符合説

行為者の認識した内容と発生した事実との間に、一定の重なり合いが認められれば、故意を認めてよいという見解です。ここで「一定の重なり合い」について、後述する抽象的事実の錯誤の場合は、具体的なケースに即してその有無を検討する必要があります。しかし、具体的事実の錯誤の場合は、同一の構成要件内の錯誤であることから「一定の重なり合い」が認められると考えます。

客体の錯誤と両説の帰結

具体的符合説と法定的符合説のそれぞれから、客体の錯誤と方法の錯誤を検討した場合、どのような結論になるのでしょうか。たとえば、「甲が乙を殺すつもりで発砲し、狙った人物を射殺したが、実はその人物は丙であった」という例をもとに、客体の錯誤から検討していきます。

この場合、甲は丙を殺すつもりはなかったのだから、丙の死

の結果について故意を認めることはできないという見解をとれば、甲は丙を誤って死なせたことになり、殺人罪ではなく過失致死罪にしか問われない事態になりかねません。

しかし、それはいかにも不合理であるため、具体的符合説も法定的符合説も、甲の丙に対する殺人罪の故意を認めます。ただ、その結論の導き方が異なります。

まず、具体的符合説は、甲は、乙とみなしていた「その人」を殺そうとして、丙という「その人」を殺したのだから、行為者の認識した内容と、発生した事実とは具体的に一致していると主張します。

一方、法定的符合説は、乙を殺すことも丙を殺すことも、同じ「人を殺す」という殺人罪の構成要件に該当するのであって、行為者の認識と発生した事実との間に一定の重なり合いが認められるから、殺人罪の故意を認めてよいと主張します。

このように、客体の錯誤では、結論の導き方には相違があるものの、結論そのものは両説で変わりません。

方法の錯誤と両説の帰結

次に、「甲は乙を殺すつもりで、発砲したところ、弾は乙にあたらず誤って丙を死なせてしまった」という例をもとに、方法の錯誤を両説がどのように処理するのかを検討しましょう。

まず、具体的符合説は、甲の認識した内容は「乙を殺す」であったのに、発生した結果は「丙の生命が奪われた」であるため、甲の認識した内容と発生した結果が具体的に一致していないとして、甲の丙に対する殺人罪の故意を認めません。その上で、丙が命を落としたのは甲の過失によるから、甲の丙に対する過失致死罪の成立を認めるのが妥当と主張します。なお、乙

の死の危険については殺人未遂罪の成立を認めます（殺人「既遂」罪ではないことに注意してください）。

　一方、法定的符合説は、客体の錯誤で行ったのと同じような思考方法で、方法の錯誤についても解決を図ります。つまり、乙を殺すことも丙を殺すことも、同じ「人を殺す」という殺人罪の構成要件に該当するのであって、行為者の認識と発生した事実との間に一定の重なり合いが認められるから、殺人罪の故意を認めてよいという結論を導きます。したがって、法定的符合説からは、甲の丙に対する殺人既遂罪を認めることになります。

　以上をまとめると、方法の錯誤の場合、具体的符合説からは既遂犯の故意の成立を認めないのに対して、法定的符合説からは既遂犯の故意の成立を認めることになるわけです。

　では、どちらの説が妥当なのでしょうか。実は両説の支持が拮抗している状況で、どちらが正しいとは一概にいえません。ただ、判例は法定的符合説を支持しているといわれています。

　なお、法定的符合説の中では、成立する故意の個数をめぐって**数故意犯説**と**一故意犯説**の争いがあります。先ほどの「甲は乙を殺すつもりで、発砲したところ、弾は乙にはあたらず、誤って丙を死なせてしまった」という例で、両者でどのような結論の違いがあるのかを見ていきましょう。

　まず、死の結果が生じている丙に対して殺人既遂罪を成立させる点は共通します。そして、数故意犯説では、甲の乙に対する殺人未遂罪の成立を認めます。一方、一故意犯説では、乙については不可罰とします（乙がケガをしていれば過失傷害罪になります）。

　今の段階では、法定的符合説の内部でもこのような違いが出てくるというイメージができればよいでしょう。

21 抽象的事実の錯誤

抽象的事実の錯誤とは

たとえば、甲が乙を殺そうとピストルを発射したところ、乙にあたらず、乙の連れていた飼犬に命中し、その飼犬が死亡した場合、甲の主観（意図）は殺人罪であったわけですが、生じた結果は器物損壊罪に該当します。このように、錯誤が異なる構成要件間に及ぶ場合を抽象的事実の錯誤といい、故意をどのように扱うべきかが議論されています。

38条2項という規定

38条2項は「重い罪に当たるべき行為をしたのに、行為の時にその重い罪にあたることとなる事実を知らなかった者は、その重い罪によって処断することはできない」と規定しています。しかし、軽い刑を科せという意味なのか、罪は一切問うなという意味なのか、条文は明らかにしていません。また、「重い犯罪事実の認識で、軽い犯罪事実を生じさせた場合」の処理についても、38条2項は明らかにしていません。抽象的事実の錯誤は、こうした38条2項の不十分な点を解釈によってどのように補うのか、という問題でもあるわけです。

抽象的符合説と法定的符合説とあてはめ

抽象的事実の錯誤に関して、主に抽象的付合説と法定的付合説の2説があります。

抽象的符合説は、犯罪となる事実を認識して実行行為に及び、犯罪となる結果を生じさせた以上、少なくとも発生した事実に

第2章 ■ 刑法総論

● 抽象的事実の錯誤 ●

抽象的事実の錯誤
異なる構成要件間にまたがる、認識した犯罪事実と
発生した犯罪結果との間の食い違い

甲 ── 乙を殺そう【主観】殺人罪 ── 乙の飼犬
ピストル発射
＜死亡＞【客観】器物損壊罪

抽象的符合説 ⇒飼犬の殺害に故意を認め、乙への殺人未
遂罪＋飼犬への器物損壊罪が成立

法定的符合説 ⇒殺人罪と器物損壊罪に一定の重なり合い
はなく、乙への殺人未遂罪のみ成立

ついて故意犯の成立を認めるべきだという見解です。もう1つ
は、具体的事実の錯誤で説明した法定的符合説です。法定的符
合説によると、錯誤が異なる構成要件間にまたがる場合、一定
の重なり合いが認められない限り、故意犯の成立を否定します。

　前述した「甲が乙を殺そうとしたところ、乙の連れていた飼
犬を殺した」の例にあてはめてみましょう。まず、抽象的符合
説は、飼犬を殺した事実にも故意を認め、乙についての殺人未
遂罪に加え、飼犬についての器物損壊罪も成立させます。

　一方、法定的符合説は、殺人罪と器物損壊罪には一定の重な
り合いがないとして、器物損壊罪の故意を認めません。器物損
壊罪には過失犯処罰規定がないため、乙に対する殺人未遂罪の
みを成立させます。学説の状況としては、抽象的符合説は大ま
かに「犯罪」を行っている認識があれば故意が認められるとい
う点に批判が強く、法定的符合説が支持を集めています。

71

22 誤想防衛・誤想避難

誤想防衛・誤想避難とは

　錯誤の問題と密接に関係するのが、誤想防衛・誤想避難をめぐる議論です。誤想防衛とは、正当防衛の要件にあたる事実が存在しないのに、その事実があると思い違いをして反撃行為（防衛行為）に出ることです。たとえば、甲が乙の頭の上に乗っている葉っぱを取ろうとして手をあげたところ、殴られると思った乙が、逆に甲に殴りかかったような場合です。

　この場合、正当防衛の要件である「急迫不正の侵害」がないので、正当防衛と評価されず、違法性が阻却されません。

　一方、誤想避難とは、緊急避難にあたる事実が存在しないのに、その事実があると思い違いをして避難行為に出ることです。たとえば、甲が夜道を歩いていたところ、知り合いの乙が甲を認めて挨拶をしようと近づいてきたことを、甲は暴漢に襲われると勘違いし、見ず知らずの家に無断で逃げ込んでしまいました（住居侵入罪の構成要件に該当します）。

　この場合、緊急避難の要件である「現在の危難」がないので、緊急避難と評価されず、違法性は阻却されません。

誤想防衛・誤想避難は犯罪を成立させるか

　以上のように、誤想防衛・誤想避難は違法性が阻却されない以上、行為者に犯罪が成立するのでしょうか。この問題については、「正当防衛や緊急避難にあたると認識して行為を行っている以上、その者に犯罪を行っている認識はなく、故意責任を問うことはできない（責任故意が否定される）」として、故意

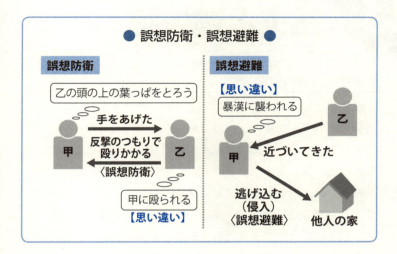

犯の成立を否定する（過失犯処罰規定がある場合に限り、過失犯を成立させる）立場が有力です。

誤想過剰防衛・誤想過剰避難とは

　誤想過剰防衛とは、正当防衛の要件である「急迫不正な侵害」がないのに、あると誤信して反撃行為に出て、その反撃の程度が相当性を超えた場合です。たとえば、乙が甲の頭に乗っていたハエを払おうと手をあげたのを、甲は乙が自分を攻撃しようとしていると思い込み、乙に対してナイフで反撃するような場合です。判例は、通常の過剰防衛の場合と同様と考えて、刑を軽くしたり免除することができるとしています。

　一方、緊急避難にあたる状況がないのに、あると誤信して、しかも誤信した「現在の危難」に対して過剰な避難行為を行った場合を誤想過剰避難といいます。この場合も、通常の過剰避難の場合と同様に扱うべきと考えられています。

23 過失と過失犯

過失犯の処罰根拠

　過失犯とは、不注意によって法益を侵害した場合に成立する犯罪形態です。刑法は故意犯の処罰を原則としており、過失犯は過失傷害罪などの規定（過失犯処罰規定）がある場合に、例外的に処罰されます（38条1項）。

　過失とは、注意すれば犯罪結果を予見し、犯罪結果を回避することができたのに、不注意により結果の予見や回避措置を怠り、犯罪結果を生じさせた状態です。この場合に、誰を基準に注意義務の有無を決定するのか争いがありますが、判例は通常の一般人を基準とするという見解（客観説）を採用しています。

　かつては、結果に対する予見を怠る（予見義務違反）という行為者の態度や心理状態によって、過失犯の処罰が根拠づけられていました（旧過失論）。しかし、過失犯の処罰を責任レベルでとらえる旧過失論は強く批判されました。過失犯も犯罪の一種である以上、構成要件該当性や違法性の存否が検討されなければならないのに、旧過失論はこの点を検討することなく、結果に対する予見を怠れば過失責任があるとして、直ちに過失犯の成立を認める傾向があるからです。

　そこで、過失犯の成立要件を故意犯と同様に、構成要件該当性や違法性の段階から検討していくべきだ、という見解が現れました。このような見解を新過失論といいます。

　新過失論は、過失をまず構成要件レベルにおいて、構成要件要素のひとつとしてとらえます。つまり、過失はまず構成要件レベルで類型化してとらえるべきだ、と主張したわけです。

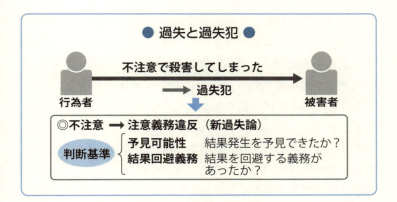

現代社会にマッチした新過失論

　殺人罪と過失致死罪を構成要件レベルで分ける際に、死の結果が故意に基づくのか、過失に基づくのかを判断する必要がある点を考慮すれば、新過失論は妥当な考え方だといえます。

　また、新過失論は過失を「行為」ととらえることで、違法性レベルでも過失の存否が検討できるようになりました。つまり、過失とは、一般人（通常人）に要求される客観的な結果回避義務を怠る行為であるととらえ直したのです。

　新過失論は、このような客観的な結果回避義務がありながら、その義務を果たさず犯罪結果を発生させた場合に、義務を果たさなかったという不作為が違法な行為だと主張します。このように考えることで、結果発生を回避するために適切な行為に出ていれば違法性がない、と判断することが可能になります。

　たとえば、自動車の運転や手術などは、現代社会において必要不可欠なものです。しかし、これらの行為には、人を死傷させる危険性が常につきまとっています。もし、運転や手術により人が死傷したとすると、たとえ、行為者が適切な運転行為や

手術を行っていたとしても、旧過失論の立場によれば、過失犯の責任を問われることになりかねません。人を死傷させる危険性は予見可能なので、旧過失論によれば、予見可能なのに死傷の結果を発生させた以上、結果に対する予見を怠ったとして、予見義務違反を根拠に過失犯を認めることになりかねないからです。

これに対し、新過失論の立場からは、死傷の結果が生じたとても、その結果を回避するための適切な行動や態度をとっていれば、結果回避義務を怠っていないとして、違法性を阻却することができるのです。自動車の運転や手術は、危険な結果が伴いがちですが、社会生活において欠くことのできない行為です。このような行為に過失犯の成立を安易に認めないことは、そうした行為が委縮することなく積極的に行われることを促進します。過失犯の成立する場合を厳格に解する新過失論は、こうした現代社会の要求に非常にマッチした考えだといえます。

なお、昨今の悪質な自動車事故の発生を受けて、過失運転致死傷罪をはじめとする自動車をめぐる犯罪は「自動車の運転により人を死傷させる行為等の処罰に関する法律」によって規定されています。

▌許された危険・信頼の原則

自動車をはじめとする交通や医療などに関しては、過失犯が成立するケースを限定するための理論として、許された危険という理論や、信頼の原則という理論も提唱されています。

許された危険とは、交通や医療などが社会生活を送る上で重要な意味をもつことを考慮して、過失犯の成立範囲を狭めようとする考え方です。

第2章 ■ 刑法総論

一方、**信頼の原則**とは、危険を伴う行為について、他者が適法・適切な行動をとることを信頼するのがもっともといえる場合には、他者の不注意が相まって、自分の行為により犯罪結果が生じても、過失犯の成立を否定する考え方をいいます。

▍新過失論による予見可能性の程度

新過失論は、結果回避義務を過失犯の認定にあたって重視しますが、結果回避義務の前提として、結果を予見することが可能であるか否かが問題になります。

結果の予見ができなければ、結果を回避することもできなくなるのであって、できない結果の回避を要求するのは不合理だからです。たとえば過失傷害罪において、誰かが傷害を負うという結果を予見できないのに、それを予見して傷害の結果を回避すべきだとするのは、おかしな話だといえます。

では、**結果の予見可能性**は、どの程度のものであればよいのでしょうか。この問題については、具体的予見可能性説と不安感説と呼ばれる見解が対立しています。

具体的予見可能性説とは、結果発生の可能性について、相当程度の予見可能性が必要であると考える見解です。一方、不安感説とは、結果が発生するかもしれないという不安感・危惧感があれば、予見可能性を認めてよいと考える見解です。

単なる不安感があれば予見可能性を認めてよいという不安感説は、予見できない範囲を狭めるもので、過失犯の成立を比較的容易に認める考え方だといえます。しかし、不安感だけで過失犯としての責任を問うことができるとするのは妥当でないとの批判が強く、判例は具体的予見可能性説を採用しているといわれています。

77

24 未遂と予備

修正された構成要件とは

現実に起こる犯罪の形態は多様であり、単独犯・既遂犯の類型だけでは対処できません。そこで刑法では、そのような類型に修正を加えた犯罪類型をいくつか設けています。具体的には、既遂に至らなかった場合を処罰する未遂・予備に関する規定や、複数の者が関与した場合について定める共犯に関する規定などで、これらを修正された構成要件と呼びます。

未遂犯とは

たとえば、Aがいきなりナイフで襲いかかってきてBを殺そうとしましたが、Bはかろうじてナイフをかわすことができ、命を失わずにすんだとします。この場合、Bを殺そうとしたAを殺人罪の既遂犯では処罰できません。Bを殺そうとしたAは何の処罰も受けないのでしょうか。

行為者が実行行為に着手しながらも、既遂の結果が発生しなかった場合、つまり実行行為が完成しなかった場合は、未遂犯として処罰される場合があります。43条は「犯罪の実行に着手してこれを遂げなかった者は、その刑を減軽することができる」という形で規定しています。この「犯罪の実行に着手して」「遂げなかった」場合を未遂犯といいます。

犯罪の種類によっては、既遂犯のみを処罰し、未遂犯を処罰しないとするものもあります。偽証罪や器物損壊罪などがその例です。44条は、このことを「未遂を処罰する場合は、各本条で定める」という形で規定しています。

78

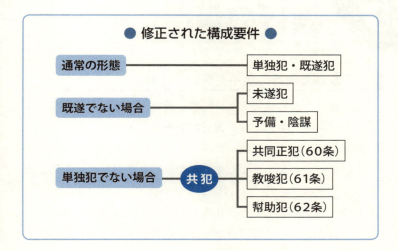

予備・陰謀とは

未遂とは明確に区別するべきものとして、予備・陰謀があります。予備・陰謀とは、実行行為に着手する前に、犯罪の準備をしたり、複数の者が犯罪について相談することです。

未遂と予備・陰謀との相違は、未遂として処罰されるのが実行行為に着手した後であるのに対して、予備・陰謀は実行行為に着手する前の行為を処罰しようとする点です。そして、予備・陰謀を行っただけでも法益侵害の危険を生じさせる場合について、予備・陰謀にあたる行為を特別に処罰する規定を置いています。しかし、予備・陰謀を行っただけでは法益侵害の危険が生じない場合は、予備・陰謀にあたる行為を刑法で処罰する必要がないといえます。

刑法では予備・陰謀について、殺人の準備行為を処罰する殺人予備罪や、内乱をくわだてる行為を処罰する内乱陰謀罪などに限って処罰する態度をとっています。

25 実行の着手

どの段階で実行の着手を認めるのか

未遂犯として処罰するためには、行為者が実行行為を開始することが必要です。これを実行の着手といいます。

たとえば、スリ（窃盗）の場合を考えてみると、スリ犯は被害者の背広のポケットなどを外側から触れ、財布などがあるかどうかを確認する作業を行います（あたり行為）。そして、被害者のポケットに手を忍び込ませ、財布を抜き取ります。

この場合、どの段階（時点）で実行の着手があったといえるのか、という実行の着手時期の問題については、さまざまな学説が主張されています。大別すると、主観説と客観説とに分けることができます。

主観説と客観説はどんな考え方なのか

主観説とは、行為者の犯罪の意思が外部に現れたときに実行の着手を認める立場です。スリの例でいえば、あたり行為の時点で窃盗未遂罪の成立を認めます。

主観説は未遂の成立を早い時期に認めますので、予備との区別が難しくなるという問題が生じます。さらに未遂犯の成立時期を「犯罪の意思が外部に現れたとき」という主観的な要素を重視して判断することは危険です。主観的な要素は外部から判断しにくく、その判断を誤る可能性が十分にあるからです。

そこで、判断の客観性を確保するために客観説が主張されています。客観説は、実行の着手について行為者の主観を排除し、あくまで「行為」という客観的な要素によって実行の着手の有

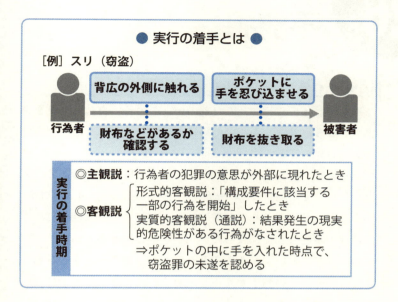

無を判断しようという考え方です。

客観説の中には、構成要件に該当する一部の行為を開始した時点で、実行の着手を認める見解があります(形式的客観説)。しかし、「構成要件に該当する一部の行為を開始する」というのは明確ではありません。そこで、このあいまいさを克服するために、結果発生の現実的危険性がある行為がなされた時点で、実行の着手を認める見解が主張されました(実質的客観説)。

実質的客観説によると、先ほどのスリの例におけるあたり行為の段階では、財布が盗まれる現実的危険性が高くありませんが、ポケットの中に手を忍び込ませた段階では、財布が盗まれる現実的危険性が高まっています。そこで、ポケットの中に手を入れた時点で、窃盗罪の未遂犯を認めることになります。現在では実質的客観説が通説とされています。

26 不能犯

不能犯とは

不能犯とは、犯行に及んだものの、その行為自体に結果を発生させる「危険性」がないために、結果を生じさせることができない犯罪のことです。

たとえば、「死ね、死ね」と頭の中で念じることによって人を殺そうとする場合です。また、不能犯の典型例として挙げられるのが「丑の刻参り」と呼ばれるものです。これは、真夜中に神社の境内などで、殺したい相手を模したわら人形をくぎで打ち付けて「呪い」がかかるように祈り、殺そうとする行為です。万が一、その相手が死亡した場合、これらの行為者に殺人罪が成立するのでしょうか。ＳＦやホラー小説でもなければ、このような行為に人を殺す危険性がないことは明らかです。

行為から絶対に結果が生じないのであれば、そのような行為に実行の着手を認める必要はないといえます。そこで、不能犯は、未遂犯にもならないと考えられています。

判断方法

不能犯が犯行に及びながら未遂犯にもならない（原則として処罰されない）のは、未遂犯と異なり、その行為に結果を生じさせる危険性がないからです。つまり、未遂犯と不能犯を区別する基準は、問題となっている行為に結果発生の危険性を認めることができるか否かにあるといえます。

では、どのような場合に不能犯とされるのでしょうか。この問題についてはさまざまな見解が主張されていますが、判例は

● 未遂犯と不能犯 ●

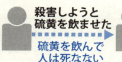
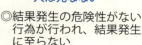

◎結果発生の危険性がある行為が行われたが、結果発生に至らなかった
➡ 未遂犯

◎結果発生の危険性がない行為が行われ、結果発生に至らない
➡ 不能犯

絶対的不能と相対的不能とで区別しています。

判例の見解は、どのような状況であったとしても結果発生が起こらなかったといえる場合を絶対的不能と呼ぶのに対して、たまたま結果が発生しなかったにすぎない場合を相対的不能と呼びます。その上で、絶対的不能の場合は不能犯とするのに対して、相対的不能の場合は未遂犯とします。

判例はこの見解から、硫黄で人を殺そうとした場合に殺人罪の不能犯を認めて、他人の懐の中にある物を奪おうとしたが、懐の中には何もなかった場合に窃盗罪の未遂犯を認めてきました。

前者の硫黄で人を殺そうとした場合、どのような状況であっても、硫黄を飲ませることで人を殺すことはできない、つまり絶対的不能だといえます。しかし、他人の懐の中にある物を奪おうとしたが、懐の中に何もなかった場合、懐の中には何か入っていることも多く、何もなかったのは偶然にすぎず、たまたま結果が発生しなかったにすぎない、つまり相対的不能だといえるからです。

27 中止犯

中止犯とは

中止犯とは、実行行為に着手しながら、自らの意思に基づいて、その実行行為を最後まで遂げなかった場合をいいます。たとえば、人を殺そうとしてナイフを突き刺したが、被害者が泣き叫ぶので、かわいそうになって止めた場合です。

43条但書は「自己の意思により犯罪を中止したときは、その刑を減軽し、または免除する」として、刑を必ず減軽または免除することを定めています（必要的減免）。

刑を必ず減免することの根拠

実行行為に着手している以上、中止犯は未遂の一種に他ならないことから、中止未遂ともいいます。なお、中止未遂にあたらない未遂のことを障害未遂といいます。障害未遂の場合は、刑を減軽することができる（任意的減軽）にとどまります。

中止犯の根拠（刑が必ず減軽または免除される理由）をめぐっては、さまざまな見解が主張されています。すでに犯罪行為が未遂にまで至った行為者について、最終的な犯罪成立（既遂犯の成立）を思いとどまらせるための「後戻りの橋」を提供することが、中止行為に対して非常に重要な効果であると考えられています。したがって、中止犯の根拠として、政策的な理由が含まれていることは否定できません。

しかし、政策的な理由のみで中止犯の根拠を説明することは困難であるため、一般には犯罪行為を途中で思いとどまることによって、違法性や有責性が減少することも中止犯の根拠にな

● 中止犯の成立要件 ●

殺すためにナイフを突き刺したが、被害者がかわいそうになり止めた

中止犯成立の要件

① **中止行為の任意性（自己の意思により）**
自分の意思で実行行為を途中で止めていること
② **犯罪を中止したこと（中止行為）**
犯罪結果の発生を防止するための行為

ると考えられています。

中止犯の成立要件

中止犯が成立するためには、①自己の意思により、②犯罪を中止したことが必要です。そして、中止犯も未遂の一種ですから、既遂の結果が発生した場合は中止犯が成立しません。

まず、①の「自己の意思により」犯罪を中止するという要件は、中止行為の任意性といわれています。

自ら犯罪を中止する場合としては、犯罪結果が生じるのが怖くなって止めることや、被害者の姿を見てかわいそうに思って止めることが考えられます。両者のケースはともに、他人が強制的に止めたわけではなく、行為者が自ら止めていることに変わりはありません。しかし、怖くなって止めるのと、かわいそうと思って止めるのでは、その意味が違うことも確かです。

では、どのような事情がある場合に、中止行為の任意性を認めるのが妥当なのでしょうか。この問題についても、学説にお

いてさまざまな見解が主張されています。

たとえば、行為者が自分の「意思」でその犯罪行為を「継続できるのにやめたのか、継続することができずにやめざるを得なかったのか」によって、任意性の有無を判断する見解が主張されています（主観説）。

これに対し、行為者が犯罪行為を中止した理由について、単に行為者の自由な意思だけでなく、その意思が改悛や同情などの「広義の後悔」の感情に基づいていなければ、任意性が認められないとする見解も主張されています（限定主観説）。

たとえば、AがBを殺すのを途中で止めた理由が、大量出血に驚いたためである場合、限定主観説によれば、広義の後悔がないので中止犯が否定されます。また、主観説によれば、犯罪を継続できないほどに驚いたとすれば、自分の意思で止めたとはいえず、中止犯が否定されます。

判例は、一般の経験上、行為者の意思に強制的影響を与えない事情が動機で止めた場合に、任意性があるとの立場をとっていると考えられています。つまり、「普通だったら犯罪行為を中止するとはいえない」と思われる事情があるにもかかわらず、実行行為を止めた場合に中止犯の成立を認めます。任意性を判断する基準を行為者の立場ではなく、一般人の立場においている点で、比較的明確な基準だと考えられています。

着手未遂と実行未遂

中止犯は、犯罪の結果発生を止めた時点に応じて、実行未遂と着手未遂に分類することができます。着手未遂とは、実行行為に着手した後、完了する前に、その実行行為の継続を止めた場合です。一方、実行未遂とは、実行行為に着手して、完了し

た後に、結果発生を止めた場合です。

たとえば、ロシアン・ルーレットを途中で止めた場合が着手未遂、弾丸命中後に止血措置を施して死に至らなかった場合が実行未遂にあたります。

一般に着手未遂の場合には、実行行為を「自己の意思」で止めれば中止犯が認められます。これに対し、実行未遂の場合には、実行行為が完了しているため、行為者は結果発生を阻止するために積極的な行動をしなければなりません。そこで、着手未遂と実行未遂をどのように区別するのか、つまり何をもって実行行為が完了したというべきかが問題となります。

この問題に関しては、行為者が企図していた実行行為を遂行した場合に実行行為の完了を認める見解や、客観的に見て実行行為が完了したといえる場合に実行行為の完了を認める立場などが主張されています。なお、1発目の発砲がそれたので2発目の発砲を止めた場合は、1発目の発砲行為が完了しているので、着手未遂ではなく実行未遂となります。

▌中止行為は真摯なものであることが必要か

実行未遂に関しては、結果発生を阻止する行為が真摯なものである、つまり結果が発生しないよう一生懸命努力する必要があるのか否かが議論されています。この点は、必要とする見解と不要とする見解の両方が主張されています。

判例は、放火罪の実行行為が完了した後、火の勢いにおそれをなして「放火したからよろしく頼む」と言い捨てて逃走した者について、中止犯の成立を認めませんでした。したがって、中止行為が真摯なものであることを求めているといえます。

87

28 共　　犯

共犯とは

　犯罪は1人の行為者によって行われるとは限りません。多数の者が関与して行われる場合もあります。2人以上の者が共同して犯罪を実行することを共犯といいます。

　なお、注意が必要な言葉として「主犯」があります。ニュースなどで「この犯罪の主犯は○○」というように、よく耳にする言葉です。2人以上の人による犯罪の中心的人物（首謀者）を指す場合に用いられていますが、法律用語ではありません。刑法において主犯は「正犯」として処罰されます。

共犯の種類

　共犯は、その態様に応じて、共同正犯（60条）、教唆犯（61条）、幇助犯（62条）に分けられます。共同正犯とは、自ら犯罪を行う者（正犯）が複数存在し、共同で犯罪を実行する場合を指します。たとえば、甲と乙がいっしょになって丙を殴打し、丙を死亡させるようなケースです。

　教唆犯とは、他人に犯罪を実行するようそそのかす（扇動する）場合を指します。たとえば、甲が乙に対し「丙を殺せ」と指示するようなケースです。

　幇助犯とは、正犯を助ける場合を指します。たとえば、丙の殺害を計画している乙を、甲がピストルを用意して手助けしたようなケースです。

　正犯ではない教唆犯・幇助犯をあわせて狭義の共犯といい、狭義の共犯に共同正犯を加えたものを広義の共犯といいます。

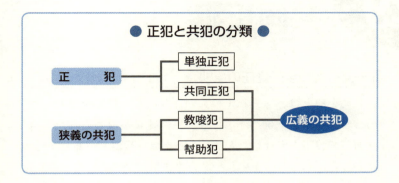

共犯の処罰根拠

　共同正犯は「正犯」なので、その行為が処罰の対象となることは容易に理解できます。しかし、教唆犯・幇助犯は、正犯として犯罪を実行しているわけではありません。では、なぜ処罰されるのでしょうか。この問題は「(狭義の) 共犯の処罰根拠」という重要なテーマとして議論されています。共犯の処罰根拠に関しては、非常に細かな議論が展開されていますが、ここでは対照的と思われる２つの見解を紹介します。

　１つは、責任共犯論という見解です。正犯を教唆して堕落させたり、正犯の堕落した気持ちに幇助という形で同調し、正犯を処罰される状態に陥れたから、共犯が処罰されるのだとする考え方です。責任共犯論は、刑法は社会の倫理的秩序を守るものだとする考え方に根ざしています。しかし、刑法は法益を保護するためにあるのであって、倫理を強調するのは妥当ではない、という批判がなされています。

　もう１つは、惹起説（因果的共犯論）という見解です。教唆犯・幇助犯ともに、正犯を通じて間接的に他人の法益を侵害する点に処罰根拠を求める見解で、多くの支持を得ています。

29 共同正犯

一部行為の全部責任の原則

　共同正犯とは、2人以上の人が「共同して犯罪を実行した」場合をいいます（60条）。共同正犯の成立が認められた場合、共同して犯罪を実行した人は、たとえ実行行為の一部しか行わなかったとしても、正犯として犯罪結果のすべてについて責任を問われます。これを一部実行全部責任の原則といいます。

　このように、犯罪結果すべてに対する責任を問われるのは、共同正犯が、相互に他人の行為を利用しながら、自己の目的とする犯罪を実現するものだからです。

共同正犯の要件

　共同正犯が成立するためには、①共同実行の意思と、②共同実行の事実が、各行為者に存在することが必要です。

　共同実行の意思とは、各行為者が共同して実行行為を行おうと意思を連絡し合うことです。共同実行の意思は明示的である必要はなく、暗黙の意思の連絡でもよいとされています。

　共同実行の事実とは、複数の行為者が共同して実行行為を行うことです。しかし、必ず構成要件に該当する実行行為の一部を分担しなければならないわけではなく、実行行為が共同して行われたと評価できれば、共同実行の事実が認められます。

共同正犯と同時犯の違い

　共同正犯と客観的には同じに見える犯罪形態として同時犯があります。同時犯とは、複数の者が意思の連絡なしに、同一の

第2章 刑法総論

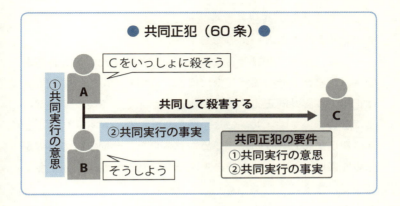

客体に対して、同じ時に犯罪の実行行為を行うものです。

行為の外形という点で、同時犯は共同正犯と共通していますが、同時犯の場合は、各行為者間に意思連絡がありません。そのため、同時犯は、自分の行った行為についてのみ責任を負います。ただし、傷害罪の同時犯については、各行為者間に意思連絡がなくても共犯として処罰されるという特則があります（同時傷害の特例：207条）。

共謀共同正犯

暴力団による組織的犯罪などでは、中心人物を囲んで犯罪計画（謀議）が練られた後、その中心人物は実行行為に参加しない状態で、覚せい剤の集団的な密売行為を行ったり、対立組織のリーダーを集団で殺害する事件が起こっています。

この場合、謀議の中心人物を「実行行為に参加していない」という理由で、共同正犯ではなく教唆犯とするのは妥当でしょうか。教唆犯も「正犯の刑を科する」（61条1項）ので、両者の刑罰の重さは同じですが、正犯（共同正犯）としての罪を負

91

うことと、狭義の共犯（教唆犯）としての罪を負うことでは、その意味が異なるといえるでしょう。

そこで、謀議（共謀行為）に基づいて共同正犯の実行行為がなされた場合、その実行行為に参加していなくても、中心人物は正犯（共謀共同正犯）として処罰すべきとする見解が多数の支持を得ています。共謀にしか関与していなくても、他者を相互に利用補充し合う関係が認められる以上、共同実行の事実を認めてよい、というのがその理由です。判例も共謀共同正犯を認めています。

承継的共同正犯

甲が強盗目的で丙に暴行を加えた後で、乙が丙のバックから財布を奪い、その中のお金を甲と乙で分け合ったとします。乙は甲と当初から強盗を計画していたのではなく、甲の強盗行為を目撃して、途中から強盗行為に参加したとしましょう。

このケースで、途中から実行行為に参加した乙を、どの範囲の共同正犯として処罰できるのかが議論されています。

乙が参加した後の行為だけを見れば、乙は丙に暴行を働いておらず、丙の財布を奪ったにすぎませんから、窃盗罪の範囲で共同正犯が成立するように思えます。他方で、甲の暴行行為から乙の財布を奪った行為までを全体として観察すれば、乙は甲の暴行行為を利用して財布を奪っているとして、強盗罪の共同正犯の罪責を負うと評価することもできそうです。

このように、事情を知りながら途中から実行行為に参加した人（後行者乙）が、先に実行行為に着手していた人（先行者甲）とともに、共同正犯として処罰される場合を承継的共同正犯といいます。承継的共同正犯については、肯定と否定の両見

解が主張されていますが、現在有力なのは一部肯定説です。

　一部肯定説は、先行者の行為を積極的に利用して、後行者がその後の実行行為に関与した範囲で、両者の共犯関係が成立するという見解です。前述のケースでは、甲の暴行により丙が反抗を抑圧された状態が持続している間に、その状態を積極的に利用して乙が丙の財布を奪ったといえる場合に、甲と乙は強盗罪の共同正犯が成立すると考えます。

▌過失の共同正犯

　甲と乙がビルの上から物を降ろす作業をしていたところ、ビルの下を歩いていた丙にあやまってぶつけて傷害を負わせた場合、丙の傷害の原因が甲の降ろした物によるのであれば、甲に業務上過失傷害罪が成立し、乙の降ろした物によるのであれば、乙に業務上過失傷害罪が成立します。では、丙の傷害の原因が甲・乙いずれが降ろした物によるのかが明らかでない場合、業務上過失傷害罪の成否はどうなるのでしょうか。

　この場合、丙の傷害の原因がいずれの行為によるかわからない以上、因果関係が認められないとして、甲・乙どちらにも業務上過失傷害罪が成立しないともいえるでしょう。

　しかし、丙の傷害の原因が甲・乙の不注意な共同作業に基づくことが明らかなのに、甲・乙いずれも罪に問われないのは不当といえます。そこで、甲・乙が共同して過失の実行行為に及んだと評価して、両者に共同正犯の責任を問うべきだ、つまり過失の共同正犯を認めるべきだという主張があります。過失の共同正犯を認めることに対しては批判もありますが、判例はこれを認めており、甲・乙には業務上過失傷害罪の共同正犯が成立します。

30 共謀共同正犯とテロ等準備罪

刑法では解決できない問題もある

　今日の国際社会は、テロ行為などの重大な犯罪行為を未然に防ぐことを共通の問題意識としています。そこで、国際組織犯罪防止条約（TOC条約）を採択し、重大な犯罪行為の実行に関する合意や、悪質な収益行為を犯罪行為として定め、国際協力に関する規定を設けています。TOC条約の批准国には、金銭的利益やその他の物質的利益を得る目的で重大な犯罪を行う「合意」を犯罪化することが義務づけられています。

　日本では、殺人や強盗などの重大犯罪の「予備行為」を処罰できますが、予備行為は「合意」に加えて実行行為への具体的な準備行為が必要です。また、共謀共同正犯の理論により、現在においても、実行行為を行わず組織の裏で糸を引く指導者的地位にある者（中心人物）を処罰することが行われています。しかし、共謀共同正犯も「合意」（共同実行の意思）に加えて共同実行の事実が必要であるため、「合意」の犯罪化を求めるTOC条約を批准することが困難な状況でした。

　そこで、2017年に「テロ等準備罪」が新設され、それに伴いわが国はTOC条約に批准しました。

テロ等準備罪とは

　テロ等準備罪については、組織的犯罪処罰法6条の2という条文に規定されています。具体的には、①テロリズム集団その他の「組織的犯罪集団」が、②死刑または無期懲役刑などが科される罪について、2人以上で組織による遂行を「計画」し、

第2章 ■ 刑法総論

● テロ等準備罪とは ●

組織的犯罪処罰法6条の2

「テロ等準備罪」と呼ばれている

①テロリズム集団その他の組織的犯罪集団について成立する

②死刑または無期懲役刑などが科される罪について、2人以上で組織による遂行を「計画」したこと

③少なくともその1人が計画に基づき資金・物品の手配や、関係場所の下見などの実行準備行為に着手したこと

※解釈や運用の仕方によって、多くの集団が組織的犯罪集団として処罰の対象に含まれるおそれがある

③少なくともその1人が計画に基づき資金・物品の手配や、関係場所の下見などの「実行準備行為」に着手した場合に、計画に参加した者全員を処罰するものです。

どんな問題点があるのか

テロ等準備罪は問題点も指摘されています。たとえば、テロ等準備罪の処罰対象は組織的犯罪集団に限定されていますが、具体的にどのような集団が組織的犯罪集団として認められるのかが不明確であり、解釈によっては、正当に組織された労働組合やサークルなどの集団が、組織的犯罪集団として処罰対象に含まれるおそれがあります。

また、実行準備行為にあたるおそれがあると判断されると、通話、電子メール、SNSなどのやり取りが捜査機関の監視対象となって、個人の活動を萎縮させかねないとの懸念も示されています。

95

31 教唆犯

教唆犯とは

　教唆犯とは、人をそそのかして（促して）犯罪を実行させるという共犯の形態です。教唆犯は「正犯の刑を科する」（61条1項）と規定されているため、そそのかした犯罪の法定刑の範囲内で処罰されます。

　たとえば、殺人を教唆した場合、殺人罪の法定刑は「死刑又は無期若しくは5年以上の懲役」（199条）ですから、殺人を教唆した者も同じ範囲で刑罰を科されます。

　教唆犯が成立するには以下の要件を充たす必要があります。

① 　教唆者が人を教唆すること（教唆行為）

　教唆行為は、特定の犯罪行為を促すものでなければなりません。もっとも、犯罪の日時・場所・方法などを具体的に指示する必要はなく、教唆する際の手段にも制限はありません。たとえば、殺人をそそのかす手段として、お金を払う、脅す、哀願するなどをすれば、教唆行為として認められます。

② 　教唆行為に基づき教唆された者が犯罪を実行すること

　教唆された者（被教唆者）が、教唆行為によって犯罪を決意し、その犯罪を実行に移したと評価されなければなりません。たとえば、甲が乙に殺人を教唆したのに、乙が殺人の実行行為に着手しない場合、甲は殺人教唆の罪を問われないわけです。

　また、教唆者には教唆についての故意が求められます。この教唆犯の故意に関して2つの見解が主張されています。具体的には、ⓐ自己の教唆行為により、被教唆者が特定の犯罪を犯すことを決意し、その実行行為に出ることを認識していればよい

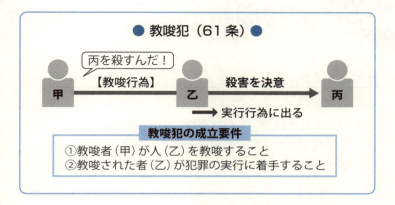

とする見解と、ⓑ教唆者は被教唆者が実行行為に出て、犯罪結果を発生させることまで認識する必要があるとする見解です。

両者の見解の対立は、下記の未遂の教唆に関する結論の違いとなって表れます。

未遂の教唆

未遂の教唆とは、教唆者が被教唆者の実行行為を初めから未遂に終わらせる意図で教唆することをいいます。たとえば、甲が空の金庫と知りながら、乙に対し「金庫の中のお金を盗め」とそそのかし、乙がその行為に出たような場合です。

未遂の教唆について、上記ⓐの見解によれば、乙が実行行為に出ることを甲は認識しているため、甲に窃盗未遂罪の教唆犯が成立します。

一方、上記ⓑの見解によれば、乙が犯罪結果を発生させることは認識していない（未遂の認識にとどまる）ので、甲には教唆の故意が認められず、甲は不可罰となります。

32 幫助犯

▌幫助犯とは

幫助犯とは「正犯を幫助した者」（62条1項）、つまり正犯の犯罪の実行を容易にした者を指します。幫助犯は、正犯を援助して、犯罪行為を促す作用を働いたために、処罰されるということです。幫助犯は正犯の刑を減軽した「従犯の刑を科する」（62条2項、63条）と規定されているため、幫助犯のことを従犯と呼ぶことがあります。

幫助犯が成立するためには、①正犯を幫助すること、②幫助された者が犯罪の実行に着手することが必要です。

① 正犯を幫助すること（幫助行為）

正犯の実行行為を容易にするものであれば、幫助の方法は限定されません。資金や武器を与える場合はもちろん、激励やアドバイスをする行為でも、正犯を幫助したと評価されます。

② 幫助された者が犯罪の実行に着手すること

幫助行為と正犯の犯罪行為との間に、どの程度の因果関係があればよいのかが議論されています。

もし「幫助行為がなかったら、正犯の実行行為はなかったであろう」という条件関係が必要とすると、たとえば正犯が幫助行為者から与えられた武器を使わなかった場合は、因果関係が否定され、幫助行為者に殺人罪の幫助犯を認めることができません。しかし、幫助犯については、正犯の因果関係を検討する際の条件関係は不要で、正犯が幫助行為者の与えた武器を使わなくても、幫助行為により正犯の実行行為が心理的に容易になったと評価できれば、幫助犯が成立するとの見解が有力です。

98

第2章 ■ 刑法総論

● 幇助犯（62条）●

毒薬を与える【幇助行為】 → 甲 X 乙 もらった毒薬を使う → 丙

→ 犯罪行為を実行する

幇助犯の成立要件
①正犯（乙）を幇助すること
②幇助された者（乙）が犯罪の実行に着手すること

片面的幇助

　ある者が一方的に正犯の行為に関与した形を片面的共犯といいます。つまり、正犯が、共犯による援助を受けているという認識をもっていないことです。片面的共犯を認めるべきか否かは、①共同正犯、②教唆犯、③幇助犯それぞれの場合に分けて論じられています。

① 共同正犯に片面的共犯を認めることができるのか

　行為者相互に意思の連絡がない以上、片面的共同正犯については否定する見解が多数といえます。

② 教唆犯に片面的共犯を認めることができるのか

　被教唆者（正犯）が教唆されているという事実を認識している必要はないとして、肯定する見解が多数といえます。

③ 幇助犯に片面的共犯を認めることができるのか

　片面的教唆犯と同様で、判例を含めて片面的幇助を肯定する見解が多数です。幇助犯は、幇助行為によって正犯の行為を容易にすることであり、正犯の行為を容易にすることは、幇助されている認識が正犯の側になくても十分に可能だからです。

99

33 共犯の従属性

どんな問題点があるのか

　共犯（狭義の共犯）は正犯の存在が前提になります。もっとも、共犯が成立するためには、①正犯となるべき者が犯罪の実行に着手する必要があるのか、②正犯の行為が構成要件該当性・違法性・責任のいずれまで備えている必要があるのかが問題になります。①を実行従属性の問題、②を要素従属性の問題といいます。

実行従属性の問題

　実行従属性の問題をめぐっては、共犯独立性説と共犯従属性説という2つの考え方が対立しています。

　共犯独立性説とは、共犯が成立するためには、共犯者による共犯行為（教唆行為・幇助行為）があれば足り、正犯が実行に着手したか否かは問わないとする見解です。一方、共犯従属性説とは、共犯が成立するためには、正犯が実行行為に着手することが必要であるとする見解です。

　61条は「人を教唆して犯罪を実行させた」と規定し、62条も「正犯を幇助した」と規定しており、教唆犯・幇助犯については正犯の行為を前提にしています。そのため、共犯従属性説が支持を得ています。

要素従属性の問題

　共犯が成立するためには、正犯が犯罪の成立要件のうちどの部分まで備えることが必要かが問題になります。この問題につ

100

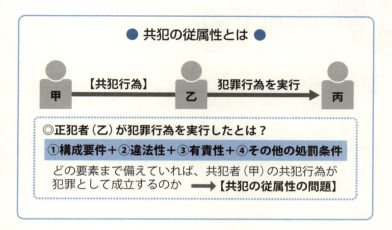

いては4つの見解が主張されています。

① 誇張従属性説

正犯の行為が構成要件に該当し、違法かつ有責である（責任がある）ことに加え、処罰条件まで必要だという考え方です。

② 極端従属性説

正犯の行為が構成要件に該当し、違法かつ有責であれば、共犯が成立するという考え方です。

③ 制限従属性説

正犯の行為が構成要件に該当し、違法であれば、共犯が成立するという考え方です。

④ 最小限従属性説

正犯の行為が構成要件に該当しさえすれば、共犯が成立するという考え方です。

かつては極端従属性説、現在は制限従属性説が多数説といわれています。正犯が「責任」まで備えていることが必要と考えれば極端従属性説、不要と考えれば制限従属性説になります。

34 間接正犯

間接正犯とは

　間接正犯とは、他人をあたかも道具のように利用して、自己の犯罪行為を実現する場合をいいます。たとえば、事情をまったく知らないEに毒入りワインを運ばせてFを殺害させたDが間接正犯にあたります。このようなDが処罰される根拠について、見解の対立が見られます。その1つは道具理論と呼ばれる見解で、他人の行為を単なる道具のように利用したと考えて、利用者であるDが正犯であると考える見解です。

　しかし、利用される他人が意思をもっている場合は、その他人を「単なる道具」とは言いがたく、間接正犯を認めることが困難になるとの批判がなされています。そこで、間接正犯の成立の有無は、「道具のように利用される他人の行為が、自分自身で実行行為に及んだのに等しいものといえるか否か」に求めるべきだ、という見解が有力に主張されています。

　間接正犯は、他人を動かして犯罪を行わせている点で、教唆犯と似ていますが、他人はあくまで道具にすぎず、実行行為を行っているのは本人（利用者）であることに注意が必要です。本人自らが実行行為を行う間接正犯と、他人をそそのかして、その他人に実行行為を行わせる教唆犯は異なるものです。

　教唆犯の成立要件として、かつての多数説・判例は、そそのかされた実行行為者（正犯）が、責任まで備えている必要があると考えていました（極端従属性説）。つまり、責任無能力者（心神喪失者や14歳未満の者など）をそそのかしても、教唆犯は成立しないと考えていました。この場合、自ら実行行為に及

102

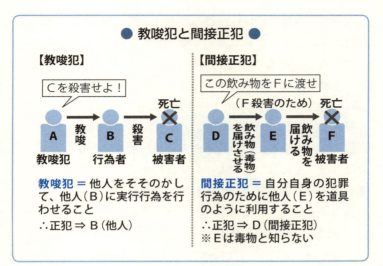

んだわけではない以上、そそのかした者に、直接正犯を認めることもできません。このように、極端従属性説を採用すると教唆犯も直接正犯も認められない、という処罰の間隙（スキマ）が生じていました。このスキマを埋めるために編み出されたのが、間接正犯の概念です。

故意のない者の行為の利用

間接正犯の形態に関して、まずは故意のない者の行為の利用から見ていきます。故意のない者の行為は、以下の3つに分けることができます。

① 事情を知らない者の行為を利用する場合

たとえば、これは冒頭の事例のような場合です。つまり、甲が乙を毒殺しようと考えている場合に、毒物であることを知らない丙に対して、「乙にこの飲み物を届けて飲ませてほしい」

と伝えて、直接的には丙が乙に毒入りの飲み物を届けて飲ませたために、乙が死亡したという場合です。

丙は毒物であることを知らされていないため、「乙を殺す」という故意を欠いています。甲は、故意のない者（丙）の行為（毒物を運ぶ行為）を利用することによって、「乙を殺す」という犯罪を実現していますので、道具として丙の行為を利用したと認められ、そこに丙の意思が入り込む余地はありません。この場合は、甲に対して殺人罪の間接正犯が成立します。

② 他人の不注意（過失）を利用する場合

利用する他人の行為に故意が欠ける場合の中には、その他人の行為に過失が認められるケースもあります。もっとも、注意しなければならないのは、他人の過失行為を利用する場合に、利用者について間接正犯の成立を認めることはできますが、それと同時に、利用されている他人の行為については、過失犯が成立する可能性があるということです。

③ 他の犯罪行為の故意がある者の行為を利用する場合

故意を欠く他人の行為を利用する場合、ここでいう「故意」とは「正犯者が実現しようとする犯罪に関する故意」であることに注意が必要です。

たとえば、甲が肖像画の後ろにいる乙を殺そうと考えて、丙に対して「この肖像画を、ボーガンを用いて破壊してほしい」と命じたために、発射されたボーガンの矢が肖像画を貫いて、その後ろにいた乙に命中して乙が死亡したとしましょう。この場合、丙には肖像画を破壊するという器物損壊罪の故意を認めることができます。しかし、甲の真の狙いである乙の殺害については、丙に故意を認めることができず、甲に対して殺人罪の間接正犯の成立を認める余地があります。

第2章 ■ 刑法総論

▌責任無能力者の利用

　たとえば、刑事未成年者（14歳未満の者）の行為を利用する場合などが典型例です。しかし、故意を欠く他人の行為を利用する場合と異なり、刑事未成年者を道具として利用しているとはいえず、間接正犯を認めることができない場合があります。刑事未成年者の行為は、確かに責任がないために犯罪が成立しませんが（41条）、特に刑事未成年者がある程度の判断能力を備えているときは、当然には利用者が刑事未成年者の行為を道具として利用したと言い切れないためです。

　責任無能力者の行為を利用するにあたり、責任無能力者が利用者に対して抵抗することができないような関係にあれば、利用者には間接正犯が成立すると考えられています。しかし、そこまで強度な関係にない場合は、利用者の行為は間接正犯ではなく、前述した教唆犯が成立することになります。

▌身分なき故意ある道具

　たとえば、収賄罪は公務員という身分がなければ犯すことができない犯罪類型です（真正身分犯）。収賄罪における「賄賂を受け取る」行為について、公務員から依頼を受けた者（非公務員）が「公務員の代わりに賄賂を収受した」場合に、受け取った者に公務員という身分はありません。そこで、正犯者の犯罪行為について認識（故意）がある非身分者の行為を利用する場合をどのように考えればよいかが問題となります。

　この問題については、異論もあるところですが、公務員が身分なき故意ある道具として非公務員を利用したとして、利用者である公務員に対して間接正犯の成立を認める余地があると考えられています。

105

35 共犯と身分

どんな規定なのか

65条は、1項で「犯人の身分によって構成すべき犯罪行為に加功したときは、身分のない者であっても、共犯とする」と規定し、2項で「身分によって特に刑の軽重があるときは、身分のない者には通常の刑を科する」と規定しています。

65条1項・2項については、複雑に解釈も分かれているため、基本的な事項に絞って説明していきます。

そもそも、条文の中に出てくる身分はどのような意味なのでしょうか。判例は、身分とは「男女の性別、内外国人の別、親族の関係、公務員であるという資格のような関係に限らず、すべての一定の犯罪行為に関する犯人の人的関係である特殊の地位または状態」と定義しています。

犯罪の中には、収賄罪における公務員や、偽証罪における宣誓した証人などのように、一定の地位や立場にいる者しか犯すことができない犯罪や、業務上堕胎罪における医師などのように、実行行為者が一定の地位や立場にいることで刑罰が加減（加重・減軽）される犯罪があります。65条は、これらの身分犯が共犯の形で行われた場合について規定したものなのです。

65条1項の規定

65条1項の「犯人の身分によって構成すべき犯罪行為」とは何でしょうか。これは前述した一定の地位や立場にいる者しか犯すことができない犯罪のことで、具体的には収賄罪や偽証罪のことです。このような身分犯を構成的身分犯（真正身分

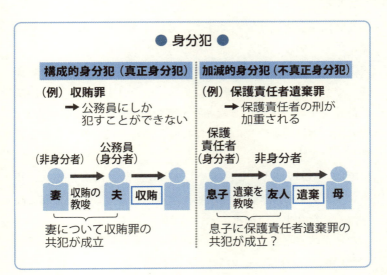

犯）といいます。そして「犯罪行為に加功したときは身分のない者であっても、共犯とする」とは、構成的身分犯を教唆・幇助した非身分者は身分犯と同様に処罰するということです。

たとえば、公務員ではない者が、公務員に対して賄賂を受け取るよう教唆した場合に、賄賂を受け取った公務員と共犯行為を行ったとして、公務員と同様の処罰を受けるわけです。

本来、非身分者に身分犯は成立しないはずですが、だからといって「身分のない者に身分犯は行えない、だからそのような者が身分犯と犯罪行為をしたとしても、身分犯の共犯として処罰できない」とするのは、妥当ではありません。そこで、65条1項のような規定が設けられているわけです。

65条2項の規定

65条2項の「身分によって特に刑の軽重があるとき」とは、

前述した業務上堕胎罪のように、実行行為者が一定の地位や立場にいるために、刑が加減される場合のことです。

このような身分犯を加減的身分犯（不真正身分犯）といいます。そして「身分のない者には通常の刑を科する」とは、加減的身分犯を教唆・幇助した非身分者は共犯として処罰するが、その際、加減的身分犯の刑ではなく、通常の刑を科すことを意味しています。

では、「通常の刑」とは何でしょうか。加減的身分犯は、基本となる刑があって、その基本となる刑よりも、刑期を加えたり減らしたりする（加重・減軽する）ものです。

たとえば、業務上堕胎罪の基本となる刑は堕胎罪です。通常の堕胎罪であれば、その刑期は212条により「1年以下の懲役」です。しかし、医師などが堕胎行為をした場合は業務上堕胎罪が成立し、加減的身分犯として214条により「3か月以上5年以下の懲役」が科されます。つまり、刑期が重くなっているわけです。このように、非身分者の刑を軽重する際の基本となる刑が「通常の刑」です。

以上の説明を整理して65条2項を具体的に述べると、甲が医師乙に対して堕胎行為を教唆した場合、乙には業務上堕胎罪が成立するが、甲には堕胎罪の刑が科されるわけです。

▌1項と2項の関係は

先ほど65条について議論されることがあると述べましたが、それは1項と2項との関係をどのように理解すべきか、ということです。1項も2項も、本来身分がなく、身分犯を犯す立場にない者（非身分者）が、共犯となった場合には身分犯として処罰されることを規定しているわけですが、1項は「共犯者に

対し、身分犯と同じ刑を科す」としているのに対し、2項は「通常の刑を科す」としています。そこで、このような刑を科す方法の違いをどのように解釈すべきかが議論されています。

このことを、「甲は病気の母親の看病に疲れ、友人乙を教唆して、母親を遺棄させた」という例で考えてみましょう。

この場合、友人乙を教唆して母親を遺棄させた甲の行為について、65条2項を適用して、甲に対して保護責任者遺棄罪の教唆犯が成立するのかどうかが問題となります。この問題に関する学説は錯綜していますが、簡単にいえば、保護責任者遺棄罪の教唆犯を肯定する立場と否定する立場があります。

判例は教唆犯の成立を肯定する立場です。この立場は、65条2項は加減的身分犯について、関与者それぞれの身分に相応した刑罰を適用するための規定であると考えます。刑の加減を明示した構成要件が定められている以上、身分者（甲）が身分のない者（乙）に加功した場合にも、身分者には身分に応じた犯罪（保護責任者遺棄罪）が成立し、その刑が科されるべきだと考えるわけです。

一方、否定する立場は、65条2項は「身分のない者には通常の刑を科す」と規定し、「身分のある者に身分犯の刑を科す」と規定していないということを根拠にして、非身分者である乙に単純遺棄罪が成立するので、これを教唆した甲も単純遺棄罪の教唆犯が成立するにとどまるとします。

この問題は、理論的にも本当に難しいところです。肯定・否定の両見解についても、十分な説明がなされているとはいい難い状況にあります。まずは本書に書かれていることを一通り理解することを心がけてみてください。

36 罪　数

罪数とは

　1人の人間について複数の犯罪の成立が問題となるような場合に、それらの罪をどのように処理すべきなのでしょうか。その処理方法をめぐる議論を罪数論といいます。

一罪と数罪

　一罪とは、犯罪者の一連の行為について、1つの罪しか認めないことをいいます。一方、数罪とは、犯罪者の一連の行為について、複数の罪を認めることをいいます。一罪の分類についてさまざまな見解がありますが、ここでは、①単純一罪、②法条競合、③包括一罪の3つに分けて説明します。

　単純一罪とは、ある犯罪行為が1つの構成要件にしか該当しない場合です。法条競合とは、各犯罪類型の相互の関係を論理的に考えてみた場合に、複数の構成要件に該当するかに見えても、終局的には一罪しか認めないような場合です。

　そして包括一罪とは、ある犯罪行為が、数個の構成要件に該当するように見えるが、1つの構成要件で包括的に評価するのが妥当と考えられる場合です。たとえば殺人の実行行為に被害者の衣服を破るなど軽微な損壊行為が付随しても、器物損壊罪を認める必要はなく、殺人罪の一罪のみを認める場合です。

数罪の処理

　数罪が成立する場合は、成立した犯罪それぞれの法定刑に従って、個別に刑を科していきます。もっとも、処理方法に関

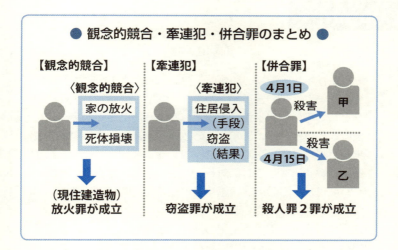

して特別な扱いがなされる場合があります。たとえば、観念的競合や牽連犯については、刑を科する上で一罪と扱われ（これらを科刑上一罪といいます）、また、併合罪については、個別に刑を科さずに、複数の犯罪がまとめて処理されます。

観念的競合とは、1個の行為が2個以上の罪名に触れる場合です。たとえば、家を放火して死体を損壊した場合、行為自体は放火という1個の行為ですが、その1個の行為によって放火罪と死体損壊罪という2つの罪を成立させることになり、観念的競合と評価されます。

次に牽連犯とは、A罪とB罪を犯した場合に、A罪・B罪が犯罪の手段と結果の関係になっている場合です。たとえば、住居侵入罪と窃盗罪は、窃盗という結果発生の手段として住居侵入を行ったということができます。

最後の併合罪とは、確定裁判を経ていない数罪のことです。併合罪と評価された数罪については一括した処理が行われます。

Column

刑罰の中身

　刑法が定める刑罰の種類は、主に生命刑、自由刑、財産刑に分類することができます。つまり、生命刑としての死刑、自由刑としての懲役、禁錮、拘留そして財産刑として罰金、科料、没収が規定されています。このうち死刑、懲役、禁錮、罰金、拘留、科料は独立して科すことができる刑罰であり、これを主刑といいます。これに対して、主刑が言い渡された場合に、それに付加してのみ言い渡すことができ刑罰を付加刑といい、没収が付加刑に該当します。

　刑法が規定している上記の刑罰（法定刑）が、そのまま行為者に適用されるわけではありません。法定刑に対して、刑が加重または減軽される事情がある場合には、その事情が考慮されて、具体的な行為者の犯罪行為に対して科される刑罰が決定されます。法定刑に加重・減軽の事情を加えた刑罰を処断刑といいます。なお、実際に刑事裁判で被告人に宣告される刑（宣告刑）は、処断刑の範囲内で、裁判官の裁量により決定された刑罰が科されます。たとえば、法定刑が無期懲役である犯罪行為について、行為者が自首した場合には必ず刑が減軽され、７年以上の有期懲役が科されます。

　また、行為者が裁判で有罪判決を受けたとしても、実際には刑が執行されない場合もあります。これを執行猶予といいます。過去に禁錮以上の刑罰を科されたことがないなどの者であって、情状を考慮して刑の執行を猶予すべきと判断した場合に、１年以上５年以下の範囲で刑の執行が猶予されます。そして、何事もなく執行猶予期間を過ぎると、行為者への刑の言渡しの効力が消滅します。もっとも、執行猶予期間中に再度罪を犯した場合には、執行猶予は取り消されます。

第3章

刑法各論

1 刑法各論の全体像

保護法益による分類

　刑法各論では、刑法が定める各種の犯罪類型を学んでいきます。特に、刑法総論における構成要件該当性が重要であり、各犯罪の構成要件を具体化することが、刑法各論の目的のひとつです。犯罪は保護法益で分類するのが一般的です。刑法の条文の順番と異なりますが、①個人的法益に対する罪、②社会的法益に対する罪、③国家的法益に対する罪の順序で検討します。

個人的法益に対する罪

　個人的法益は、以下の４つに分類することができます。

① 　生命・身体に対する罪

　人や胎児の生命・身体を侵害したり危険を生じさせる犯罪を指します。ⓐ殺人の罪、ⓑ傷害の罪、ⓒ過失傷害の罪、ⓓ堕胎の罪、ⓔ遺棄の罪があります。

② 　自由および私生活の平穏に対する罪

　人の行動の自由や意思の自由を束縛する罪を指します。ⓐ逮捕および監禁の罪、ⓑ脅迫の罪、ⓒ略取および誘拐の罪、ⓓ強制わいせつおよび強制性交等の罪、ⓔ住居を侵す罪、ⓕ秘密を侵す罪があります。

③ 　名誉および信用に対する罪

　人の名誉や経済的信用を傷つける罪です。ⓐ名誉毀損罪、ⓑ侮辱罪、ⓒ信用毀損罪、ⓓ業務妨害罪などがあります。

④ 　財産に対する罪

　金銭や物品をはじめとする個人の財産を保護法益とする罪で

す。ⓐ窃盗および強盗の罪、ⓑ詐欺および恐喝の罪、ⓒ横領の罪、ⓓ盗品等に関する罪、ⓔ毀棄および隠匿の罪があります。

社会的法益に対する罪

社会的法益とは、社会全体に共通した利益（公益など）を指します。社会的法益に対する罪は大きく分けて、①公衆の平穏・安全に対する罪、②公衆の健康に対する罪、③公共の信用に対する罪、④風俗に対する罪に区別することができます。

国家的法益に対する罪

国家的法益とは、国家に帰属するとみなされている利益のことです。具体的には、「国家の存立」と「国家の作用」のことです。この2つの法益は、①国家の存立に対する罪、②国家の作用に対する罪として、刑法上保護されています。

2 殺人の罪

殺人罪・殺人予備罪

　殺人罪は、「人を殺した」ことによって成立する犯罪です（199条）。その保護法益は人の「生命」です。

　殺人罪の実行行為は、要するに「殺す」ことですが、「故意をもって他人の死を惹起すること」などと難しい言い方がなされることもあります。これは、殺人罪が「故意をもって」（殺意ともいいます）人を殺したときに成立することを強調するためです。人の死の結果が生じた際、殺人の故意がない場合は、傷害致死罪などの成否が検討されることになります。

　殺人罪については、その予備行為も殺人予備罪として処罰されます（201条）。たとえば、毒殺の目的で毒薬を購入する場合が殺人の予備行為と評価されます。また、法律上の「人」という言葉には、自然人（人間）に加えて法人（会社など）が含まれますが、生命・身体に対する罪における「人」は、その性質上、自然人のみを指します。

　そして、生命・身体に対する罪の成否を検討するに際し、特に問題となるのは「人」と「胎児」をどのように区別するのかです。この問題をめぐっては、①一部露出説、②全部露出説という2つの考え方が対立しています。一部露出説とは、胎児の身体の一部が母体から露出したら、それを「人」とみなしてよいとする考えです。一方、全部露出説とは、胎児の身体のすべてが母体から露出して、はじめて「人」になるとする考えです。両見解のうち、一部露出した胎児が殺された場合に殺人罪として処罰できる一部露出説が支持されています。

116

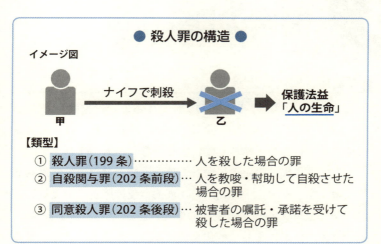

自殺関与罪・同意殺人罪

人を教唆したり幇助して自殺させた場合に成立するのが自殺関与罪です（202条前段）。教唆・幇助の手段はどんなものでもよく、また、自殺者といっしょに自分も死ぬつもりだった場合でも本罪の成立を認めてよいと考えられています。たとえばカップルが心中しようとして、どちらか一方が生き残った場合、その者に自殺関与罪が成立する余地があります。

同意殺人罪とは、被害者の依頼や承諾に基づいて殺人行為を行う犯罪です。たとえば、「殺してくれ」と頼まれて、依頼した人を殺すような場合です（202条後段）。被害者の承諾の下に行われていることから、通常の殺人罪よりも違法性が減少するとみなされ、軽い罪で処罰されます。殺人罪の場合は死刑が科されることもありますが、同意殺人罪の場合は最高でも7年の懲役刑か禁錮刑が科されるだけです。

3 傷害の罪

傷害罪・傷害致死罪

　人の身体を「傷害」した場合に成立する罪が傷害罪です（204条）。その保護法益は「人の身体」です。「傷害」には、病気を感染させる行為や、精神衰弱に陥らせる行為も含まれます。

　そして「傷害」の定義に関しては、大きく2つの見解が対立しています。その1つは、人の生理的機能に障害を加えることが「傷害」であるとする生理的機能障害説です。もう1つは、人の身体の外形に著しい変化を加えることが傷害であるとする身体完全性侵害説です。たとえば女性の頭を丸坊主にする行為は、生理的機能障害説によれば傷害にあたらないのに対し、身体完全性侵害説によれば傷害にあたると考えられます。

　傷害罪の成立には傷害の故意が必要です。ただし、傷害罪は後述する暴行罪の結果的加重犯でもあるので、暴行の故意があれば、傷害の結果が発生した場合に傷害罪が成立します。結果的加重犯とは、故意の内容を超える重い結果を発生させた行為を、当初の故意犯よりも重く処罰する犯罪類型をいいます。

　また、傷害罪の実行行為の相手を死に至らしめた場合は傷害致死罪が成立します（205条）。傷害致死罪が成立するには、傷害の故意（殺意があると殺人罪が成立します）があればよいので、傷害罪の結果的加重犯です。

同時傷害の特例

　甲と乙が意思の連絡なく、丙に暴行を加えて傷害の結果を生じさせた場合、甲も乙も、自分の行為によって丙の傷害が生じ

第3章 ■ 刑法各論

● 暴行の意味 ●

	意　味	犯罪名
最広義の暴行	人や物に向けられた有形力の行使	騒乱罪、内乱罪など
広義の暴行	人に向けられた直接・間接の有形力の行使	公務執行妨害罪、職務強要罪、加重逃走罪、強要罪など
狭義の暴行	人の身体に向けられた有形力の行使	暴行罪
最狭義の暴行	人の犯行を抑圧するに足る強度の有形力の行使	強盗罪、事後強盗罪、強制性交等罪、強制わいせつ罪

たのではないことを訴訟で証明できない限り、傷害罪によって処罰されます（207条）。これを同時傷害の特例といいます。

▌暴行罪

　暴行を加えた者に傷害の結果が生じなかった時に成立するのが暴行罪（208条）です。暴行罪にいう「暴行」とは、人の身体に向けられた不法な暴力をいうので、殴打する行為の他、部屋で日本刀を振り回す行為なども含まれます。

▌過失傷害罪・過失致死罪・業務上過失致死傷罪

　過失により、人を傷害した場合は過失傷害罪（209条）、死亡させた場合は過失致死罪（210条）が成立します（両者をあわせて過失致死傷罪といいます）。

　なお、重大な過失がある場合は重過失致死傷罪として、過失が業務上のものである場合は業務上過失致死傷罪として、それぞれ過失傷害罪や過失致死罪より重い刑が科されます（211条）。

119

4 交通事故犯罪

どんな犯罪を処罰するのか

　かつての刑法では、過失致死傷罪の特別類型として、自動車運転致死傷罪と（旧）危険運転致死傷罪が規定されていました。

　しかし、悪質な運転行為によって、死傷者が出る自動車事故は後を絶たず、特に（旧）危険運転致死傷罪には問題がありました。たとえば、飲酒運転で被害者を死亡させた場合であっても、（旧）危険運転致死罪においては、アルコール（または薬物）の影響によって「正常な運転が困難な状態」でなければ適用されず、事故の態様がひどい場合も、正常な運転が困難な程度にアルコールの影響を受けていないと判断されると、より刑の軽い自動車運転過失致死罪が適用されるなど、適用の要件が厳格すぎるといった不都合がありました。

　現在では、自動車をめぐる交通犯罪については、別途制定された「自動車の運転により人を死傷させる行為等の処罰に関する法律」（自動車運転死傷行為処罰法）により処罰されています。

　自動車運転死傷行為処罰法が規定する危険運転致死傷罪は、以下のどれかの行為によって、人を負傷させた場合には15年以下の懲役を科し、人を死亡させた場合には1年以上の有期懲役を科すとしています。

① 　アルコールまたは薬物の影響により正常な運転が困難な状態で自動車を走行させる行為。

② 　進行を制御することが困難な高速度で自動車を走行させる行為。

③ 　進行を制御する技能をもたずに自動車を走行させる行為。

第3章 ■ 刑法各論

● **自動車運転死傷行為処罰法と危険運転致死傷罪** ●

（かつて）
　刑法 ➡
　　自動車運転過失致死傷罪・（旧）危険運転致死傷罪を規定

**「自動車の運転により人を死傷させる行為等の
処罰に関する法律」【自動車運転死傷行為処罰法】**

危険運転致死傷罪
　特　徴：6種類の行為を規定
　　➡ アルコールなどの影響を受ける「おそれ」がある
　　　 状態で運転し、人を死傷させた場合も処罰される
　　　　　　　　　　　　　　　　　∴ 適用対象が広い

---

④　妨害目的で走行中の自動車の直前に進入し、その他、人ま
　　たは自動車に著しく接近し、重大な交通の危険を生じさせる
　　速度で自動車を運転する行為。

⑤　赤色信号などの交通信号をことさらに無視し、重大な交通
　　の危険を生じさせる速度で自動車を運転する行為。

⑥　通行禁止道路を進行し、重大な交通の危険を生じさせる速
　　度で自動車を運転する行為。

　　なお、危険運転致死傷罪の特色は、アルコールなどの影響を
受ける「おそれ」がある状態で自動車を運転し、実際に人を死
傷させた場合にも処罰されることです。これにより、（旧）危
険運転致死傷罪では、適用対象から除外される可能性があった
交通犯罪について、適切な処罰を可能にしています。また、自
動車運転死傷行為処罰法には、かつての自動車運転過失致死罪
にあたる過失運転致死傷罪に関する規定も置かれています。

121

5 遺棄の罪

どんな罪なのか

老人や幼児など助けを必要とする者を、山中など危険な状況に放置したままにする犯罪が遺棄の罪です。遺棄の罪の保護法益は生命・身体の安全であると考えられています。遺棄の罪には、単純遺棄罪と保護責任者遺棄罪があります。

単純遺棄罪

単純遺棄罪は、老人・幼い子ども・身体障害者・病人のために扶助を必要とする者（要扶助者）を棄てた場合に成立する罪です（217条）。「扶助を必要とする」とは、一人では日常生活を営むことができないか、他人の力を借りずに自ら生命の危険を回避できない状態をいいます。

実行行為は遺棄ですが、遺棄とは何かについて細かな議論がなされています。通説によると、単純遺棄罪の「遺棄」とは、要扶助者を危険な場所に移転することを指します。このような行為を移置といいます。移置された要扶助者の生命や身体に危険が生じれば単純遺棄罪が成立します。

ところで、この「遺棄」という言葉は、次に述べる保護責任者遺棄罪の実行行為としても規定されています。通説によると、保護責任者遺棄罪における「遺棄」は、単純遺棄罪における「遺棄」と異なり、移置に加えて、置いたまま去っていくような行為（置き去り）も含まれると考えます。たとえば、大人の世話が必要な幼児を家に放置したまま、その親が家出してしまうような行為が、置き去りにあたります。

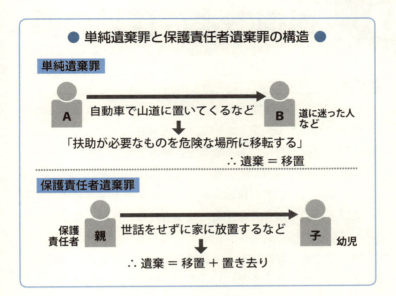

保護責任者遺棄罪

　保護責任者遺棄罪は、老人・幼い子ども・身体障害者・病人を保護する責任のある者（保護責任者）が、これらの者を棄てたり、その生存に必要な行為をしなかったときに成立する犯罪です（218条）。単純遺棄罪と異なり、保護責任者遺棄罪は、老年者などの保護責任者にのみ成立する犯罪です。

　保護責任者遺棄罪の実行行為は「遺棄」と「その生存に必要な保護をしなかったこと」（不保護）の2つです。たとえば交通事故の加害者が重傷の被害者を車に乗せ、山中で降ろして放置するのは「遺棄」として保護責任者遺棄罪が成立します。

　なお、単純遺棄罪や保護責任者遺棄罪を犯して、人を死傷させた場合は、遺棄等致死傷罪が成立し、重く処罰されることになります（219条）。

6 逮捕および監禁の罪

どんな罪なのか

220条は、正当な理由がないのに人を逮捕したり監禁した者を処罰することを規定しています。実行行為が逮捕である場合を逮捕罪、監禁行為である場合を監禁罪といいます。保護法益は身体の活動の自由です。要するに、人の身体を拘束するなどして、その人の活動の自由を奪った場合に成立する犯罪です。

逮捕・監禁により人が死傷した場合には、逮捕・監禁致死傷罪が成立し、重く処罰されることになります（221条）。

逮捕罪の実行行為である「逮捕」とは、人の身体を直接拘束して自由を奪うことを意味し、多少の時間拘束を継続することが必要です。つまり、ただ手を縛るだけの行為は逮捕ではなく暴行にとどまると考えます。もっとも、手足を縛って5分間引きずり回す行為を「逮捕」とした判例もあります。

一方、監禁罪の実行行為である「監禁」とは、一定の場所からの脱出を不可能か著しく困難にすることをいいます。地下室などの部屋に閉じ込める行為が典型例ですが、オートバイを疾走させ、荷台から降りられなくする行為を「監禁」とした判例があります。

睡眠中の者であっても逮捕・監禁罪は成立するのか

逮捕・監禁罪について以前から議論されてきたのが、行動の意思や能力がない熟睡中の者を、部屋の外から施錠し、目を覚ます前に施錠を解いた場合に、監禁罪が成立するのか否かという問題であり、大きく2つの見解が主張されています。

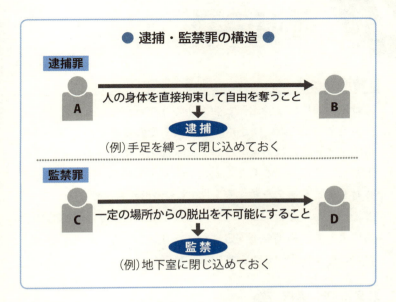

　その1つは、①身体活動の自由は、その者が行動したいときに行動できることを意味しており、このような意味での行動の自由が害されている状況があれば、監禁罪を認めてよいという見解です。この見解によれば、熟睡中の者のいる部屋を外から施錠する行為は、潜在的な自由を害する（行動したいときに行動できない）ことから、監禁罪の成立を認めます。

　もう1つは、②行動の自由は、行動の意思や行動の能力を前提とするとして、現実に行動の意思や能力のない者を監禁しても、監禁罪は成立しないとする見解です。この立場によれば、熟睡中の者は現実に行動の意思がないので、監禁罪が成立しません。この立場は、監禁罪は危険犯でないにもかかわらず、上記①の見解が潜在的自由などを保護するのは、このような自由の侵害の危険を処罰することにつながると批判します。

7 脅迫の罪

脅迫罪とは

脅迫の罪には、脅迫罪と強要罪の2種類が存在します。

脅迫罪（222条）は、相手方本人やその親族の「生命、身体、自由、名誉または財産」に対し害を加えるようなことをいうなどして、その本人を脅迫した場合に成立します。たとえば、Xに対して「おまえを殺すぞ」「おまえの母親を誘拐するからな」と述べて、Xを脅すような行為を罰するわけです。これらの行為によって、精神が不安定になったり、不安な気持ちにさせられることを防止するのが脅迫罪の処罰目的です。

脅迫罪の実行行為

脅迫罪の実行行為は「脅迫」です。つまり、相手方を畏怖させる（恐怖心を生じさせる）ことが可能な程度の害悪の告知を行うことです。そして「害悪の告知」とは、相手方本人やその親族に危害を加えることを告げる行為です。

害悪の対象は、222条で掲げている「生命、身体、自由、名誉または財産」に限ると考えられています。また、告知される害悪は、相手方本人やその親族に関わるものに限るので、「恋人を殺すぞ」と脅しても脅迫罪は成立しません。

なお、脅迫行為がなされたとしても、現実に相手方が畏怖する必要はありません。害悪の告知が相手方に認識された時点で既遂となります。また、告知される害悪の内容は、「殺すぞ」「誘拐するぞ」などというように犯罪予告である必要はありません。たとえば、不正行為をしている相手方に「告訴するぞ」

126

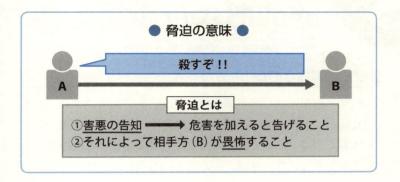

と告げる行為も、相手方を畏怖させるに足りると評価されれば、脅迫罪となる余地があります。

強要罪とは

脅迫や暴行によって人に義務のないことを行わせたり、権利の行使を妨害する行為は、強要罪として処罰されます（223条）。強要罪の保護法益は意思決定や行動の自由です。

強要罪は、脅迫罪の実行行為である「脅迫」を用いるか、「暴行」を用いることが予定されています。「暴行」については、人の身体に直接加えられなくても、人の身体に影響を与えるものであればよいと考えられています（広義の暴行）。

そして、強要罪の実行行為である「人に義務のないこと」を行わせた例としては、子守の少女を叱る手段として水入りバケツを長く持ち上げ続けさせた行為や、相手に無理やり謝罪文を書かせた行為などが挙げられます。また、「権利の行使を妨害した」場合の例としては、告訴を思いとどまらせるような行為が挙げられます。

8 略取および誘拐の罪

どんな犯罪なのか

略取・誘拐罪は、犯罪類型の中でも、特に卑劣で憎むべきものといわれています。誘拐された被害者本人に害が加えられるのはもちろん、その安否を気遣う被害者の家族・友人など無数の人々を巻き込み、平穏だったはずの暮らしを地獄の苦しみに変えてしまうからです。そこで、わが国の刑法は、略取・誘拐罪の行為の態様によっては、最高で無期懲役を科すことなどを明らかにしています。

保護法益

略取・誘拐罪の保護法益については、誘拐された者（被拐取者）の自由と、保護者の監護する権利（監護権）の両方が保護法益だとするのが判例・通説です。前述したように略取・誘拐罪は、誘拐された者に加えて、その親族のように深い関わりをもつ者にも不利益を及ぼすものだからです。

実行行為

略取・誘拐罪の実行行為は、略取および誘拐です（両者をあわせて「拐取」といいます）。「略取」とは、暴行や脅迫を手段として、他人をその生活環境から不法に離れさせ、自己や第三者の支配領域に移すことです。一方、「誘拐」とは、欺いたり誘惑して自己や第三者の支配領域に移すことです。略取・誘拐罪には、客体・目的などに応じて、さまざまな種類があります。

① 未成年者拐取罪

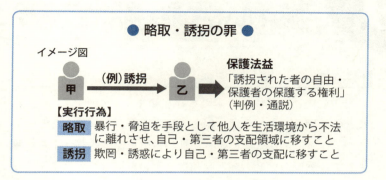

未成年者を略取・誘拐した場合に成立する罪です。未成年者拐取罪は目的を問わず、あるいは無目的でも成立するという特徴があります。

② **営利目的等拐取罪**

営利目的（自己・第三者の財産上の利益を得る目的）、わいせつ目的、結婚目的、生命・身体に対する加害目的で、人を略取・誘拐した場合に成立する罪です。

③ **身代金目的拐取罪・身代金要求罪**

身代金目的拐取罪は、身代金目的の拐取行為を処罰する罪です。身代金要求罪は、別の目的で拐取行為を行った者が、その機会を利用して金品を要求する行為を処罰する罪です。

なお、両罪が成立するには、近親者その他の「安否を憂慮する者」の憂慮に乗じることが必要です。「安否を憂慮する者」とは、拐取された者と密接な人間関係にあり、拐取された者の安全について親身になって憂慮するのが社会通念上当然とみられる者を指すと考えられています。たとえば、銀行の代表取締役社長が拐取された事件で、判例はその銀行の幹部たちが「安否を憂慮する者」にあたるとしています。

9 強制わいせつ罪・強制性交等罪

▌強制わいせつ罪とは

　自由の中には、性的なものも存在します。たとえば、いつ、誰と性的関係をもつかは、個人の自由に委ねられているといえるでしょう。刑法はこのような性的自由を保護法益とする犯罪として、強制わいせつ罪と強制性交等罪を用意しています。まずは、強制わいせつ罪について見てみましょう。

　強制わいせつ罪は、13歳以上の者に対し、暴行・脅迫によってわいせつな行為をした者と、13歳未満の者に対し、わいせつな行為をした者を処罰するものです（176条）。

　注意したいのは、13歳未満の場合には、暴行・脅迫を手段とせずに合意の上でわいせつな行為を行ったとしても、強制わいせつ罪が成立する点です。

　「わいせつ」な行為とは、相手方が性的な羞恥心や嫌悪感情を抱くと一般にみなされるような行為をいいます。

▌性的意図が不要となった

　強制わいせつ罪の成立要件として、以上のような行為を客観的に行うことの他に、自己の性欲を刺激・興奮させたり満足させたりする主観的な意図（性的意図）があることも成立要件に含まれるかどうかが問題となります。

　かつての判例は、性的意図が成立要件に含まれると考えていましたが、最近の判例は、性的意図が成立要件に含まれないと判例変更をしていることをおさえておきましょう。

第3章 ■ 刑法各論

● 強制わいせつ罪と強制性交等罪について ●

【保護法益】個人の性的な自由

強制わいせつ罪
◎13歳以上の者に対して、暴行・脅迫を用いてわいせつな行為をした場合
◎13歳未満の者に対して、わいせつな行為をした場合

強制性交等罪
◎13歳以上の者に対して、暴行・脅迫を用いて性交等（性交・肛門性交・口腔性交）をした場合
◎13歳未満の者に対して、性交等をした場合
　★男子も被害者となる
　★法定刑を「5年以上の有期懲役」に長期化
　※監護者わいせつ・監護者性交等に関する罪も新設された

▌強制性交等罪とは

　かつてから、レイプは被害者になる女性を一方的に凌辱する非常に恥ずべき犯罪であるとともに、女性の心身に深い傷を残す悪質な犯罪であると考えられています。

　そこで刑法は、主にレイプによる被害を念頭に置いて、強制性交等罪（177条）を規定しています。強制性交等罪は、13歳以上の者に対しては、暴行や脅迫を用いて性交、肛門性交や口腔性交（これらをあわせて「性交等」と規定しています）をした場合に成立し、13歳未満の者に対しては、性交等をした場合に成立します。

　強制わいせつ罪と同様に、被害者が13歳未満である場合は、暴行・脅迫を手段としておらず、合意の上で性交等を行ったとしても強制性交等罪で処罰されることに注意が必要です。

　そして、強制性交等罪における暴行・脅迫は、相手方の反抗を著しく困難にする程度のものであることが必要と考えられて

131

います（最狭義の暴行・脅迫）。これらの暴行・脅迫が開始された時点で、強制性交等罪の実行に着手したと評価されます。

　たとえば、判例が強制性交等罪（事件当時は改正前の強姦罪）の実行の着手を認めた時点として、①２人の男性がレイプしようと、嫌がる女性をダンプカーの車内に押し込もうとした時点、②自転車に乗せていた少女が、山中に入って５ｍほどのところで、飛び降りて逃げようとしたところを「遊ぼう」といって背後から抱きつき、口をふさぐなどの行為をした時点などがあります。

　なお、強制わいせつ罪および強制性交等罪については、未遂犯の規定が存在します（180条）。したがって、これらの実行行為に着手しただけで、強制わいせつ未遂罪・強制性交等未遂罪として刑罰を科されることになるわけです。

改正前の強姦罪との違いなど

　2017年の改正刑法で強制性交等罪を新設する前は、レイプの処罰規定として強姦罪が存在していました。改正前の強姦罪は、暴行や脅迫を用いて13歳以上の女性を姦淫（性交）するか、13歳未満の女性を姦淫した場合に成立する罪でした。つまり、被害者となるのは女性に限られ、原則として加害者となるのは男性に限られるとしてきました。

　しかし、レイプにより心身に深い傷を負うのは、女性だけに限定されるという合理的な理由は乏しいことから、性別による区別を撤廃し、「13歳以上の者」「13歳未満の者」と表現を改めて、女性が被害者になるのはもちろん、男性も被害者になる可能性があることを明らかにしました。

　なお、実行行為についても、従来の姦淫（改正後の条文では

第3章 ■ 刑法各論

「性交」に改められています）の他に、肛門性交や口腔性交も177条の適用対象に含めることになりました。これにより、従来の規定が被害者を女性に限定していた点を改め、被害者に男性も含まれることを前提とした上で、行為態様についても177条の適用対象を拡大しました。また、改正前の強姦罪は、法定刑が「3年以上の有期懲役」と規定されていましたが、性犯罪の悪質性を考慮して「5年以上の有期懲役」に改められた点に注意が必要です。さらに、かつては処罰にあたり、行為者の処罰を求める被害者の意思表示が必要でした（親告罪）が、被害者の意思にかかわらず処罰可能になった点も重要です。

さらに、2017年の改正刑法においては、監護者わいせつおよび監護者性交等に関する罪（179条）を新設しています。この罪は、18歳未満の者の衣・食・住を支える立場にある監護者（両親など）が、その者に対して持っている影響力を利用して、その者に対してわいせつ行為や性交等を行うことで成立する犯罪です。

自分が生きていく上で、監護者の関与が不可欠である被害者が、その監護者によるわいせつ行為や性交等を拒絶することが困難である、という状況を改善するための罰則です。

準強制性交等罪・準強制わいせつ罪

薬物や酒類などを使って意識を失わせて（心神喪失の状態にさせて）、抵抗が不可能な状態（拒絶不能）にしてから性交等をはたらく犯罪を準強制性交等罪といい、強制性交等罪と同様の処罰を受けます（178条）。また、そのような状態でわいせつ行為を行ったにとどまる場合には、準強制わいせつ罪として、強制わいせつ罪と同様の処罰を受けます。

10 住居侵入罪

どんな犯罪なのか

　住居侵入罪（130条）は、正当な理由がないのに、人の住居や人の看守する邸宅、建造物や艦船に侵入した場合に成立する犯罪です。住居侵入罪における「住居」とは、一般に「人の起臥寝食（日常生活）に使用される場所」と定義されます。たとえば、テントやホテルの部屋も含まれます。

　住居侵入罪をめぐって、もっとも争われているのは、「正当な理由なく侵入するとはどんな行為なのか」という問題です。この問題は、住居侵入罪の保護法益の問題と密接に関わっていますので、まずその点を説明します。

　住居侵入罪の保護法益について、かつては家父長（家族を統率する権限をもつ男性）の住居権であると考えられていました（旧住居権説）。しかし第二次大戦の終結後、旧住居権説は法の下の平等などを掲げる日本国憲法に適合せず、支持を失いました。

　そこで登場したのが、「事実上の住居の平穏」が保護法益だとする見解です（平穏侵害説）。平穏侵害説は、1つの家の中で共同生活を営んでいる者すべてが、その平穏を外部からの侵害に対して保護されるべき利益をもっているという考えです。平穏侵害説は長い間にわたり通説でしたが、近時は平穏侵害説を批判する見解（新住居権説）が支持を集めています。

　新住居権説は、旧住居権説と同様、「住居権」を住居侵入罪の保護法益としますが、その内容は「住居権は住居を管理・支配する権利であり、それは居住者全員がもつことになる」と考えます。そして新住居権説は、平穏侵害説に対して「住居の平

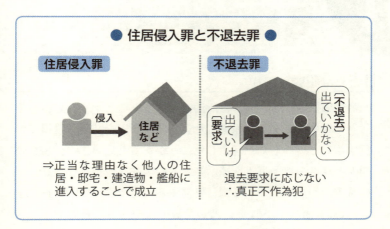

穏」という概念があいまいで、保護法益として不明確であると批判します。判例も平穏侵害説から新住居権説へと変わったと評価する見解もあります。

侵入行為の意義

保護法益に関する平穏侵害説によれば、「侵入」とは平穏を害する態様の立入り、あるいは不穏な立入りをいいます。これに対して、新住居権説によれば、居住者の住居を管理・支配する権利を侵害するような立入りを「侵入」といいます。

不退去罪とは

要求を受けたにもかかわらず、人の住居や人の看守する邸宅、建造物や艦船から退去しなかった者を処罰するのが不退去罪（130条）です。不退去罪の実行行為は、退去要求に応じないという不作為で、これは真正不作為犯にあたります。退去要求は居住者・看守者が行うことができます。

11 名誉に対する罪

どんな犯罪なのか

　名誉毀損罪については、政治家や芸能人などが、自らの不正行為やスキャンダルを報道した週刊誌や新聞を「名誉毀損で告訴する」という形で、耳にしたことがあると思います。名誉毀損罪とは、公然と事実を摘示し、人の名誉を毀損した者を、その事実の有無にかかわらず、処罰する規定です（230条1項）。

　「公然」とは、不特定の人か多数の人が知ることのできる状態のことです。知ることができる状態であればよく、現実に知られる必要はありません。「不特定の人」は不特定の少人数でもよく、「多数の人」は特定された多数人でもよいと考えられています。

　「事実」については、人の社会的評価（外部的名誉）を下げるような事実であることが必要です。したがって、自分が内心で自分自身に対して抱いている評価（名誉感情）は、名誉毀損罪の保護法益とはいえません。注意したいのは、摘示した事実の真否は問わない点です。事実が摘示されれば、その真否に関わりなく、人の社会的評価を低下させるからです。

　「摘示」とは、かいつまんで示すことで、その方法や手段に制限はありません。本人を名指ししなくても、本人とわかるような描写をしていれば、事実を「摘示」したと認められます。

　以上の行為によって「人の名誉を毀損する（傷つける）」ことで、名誉毀損罪は成立するわけですが、現実に人の社会的評価が害されなくても、人の社会的評価を害するおそれが発生すればよいと考えられています。

136

● 公共の利害に関する場合の特例について ●

名誉毀損罪

甲 　乙は○○の不正行為をした！ と報道　乙

公然と事実に関する摘示を行う ∴名誉毀損罪が成立（原則）

【例外】公共の利害に関する場合の特例にあたると、甲について名誉毀損罪が成立しない

230条の2
第1項の場合
① 事実が公共の利害に関する
　（例）乙の不正行為は公的活動に関する事柄
② 公益目的から摘示を行ったこと
　∴乙への嫌がらせの場合は認められない
③ 真実性の証明

公共の利害に関する場合の特例

　名誉毀損罪は、摘示した事実が真実であっても、それが名誉を毀損する場合に処罰するものです。そのため、言論の自由を侵害するおそれの強い犯罪類型だと考えられています。

　しかし、言論の自由は憲法21条が保障する国民の重要な人権です。そこで刑法は、名誉を毀損される者の保護と、憲法上の人権である言論の自由との調整を図り、一定の要件を充たす場合は名誉毀損罪として処罰しない旨を定めました。それが公共の利害に関する場合の特例（230条の2）です。甲が乙の不正行為を報道したという例をもとに説明してみましょう。

230条の2第1項の解釈

　230条の2第1項は、摘示された事実が公共の利害に関するものであり、摘示した目的が主に公益を図ることにあったと認

められる場合には、事実の真否を判断し、真実であることの証明があったときは、行為者を罰しないと定めています。

① 事実が公共の利害に関するか否か

前述した例の乙が公的立場の人間であり、乙の不正行為が公的活動に関する事実であれば、公共の利害に関わるものといえることは明白です。

問題は、乙が私人であり、乙の不正行為が私的行為に関する事実である場合です。判例は「私人の私生活上の行状であっても、そのたずさわる社会的活動の性質およびこれを通じて社会に及ぼす影響力の程度などによっては、刑法230条の2第1項にいう〈公共の利害に関する事実〉にあたる場合がある」として、私人の私的行為に関する事実も、公共の利害に関わる事実にあたる余地があると判断しています。

② 不正行為の摘示を公益を図る目的から行うこと

単なる嫌がらせを目的とするような場合には、名誉毀損罪の処罰を免れることはできません。

③ 事実が真実であることを証明する必要がある

現実の訴訟で、名誉毀損罪で訴えられた被告人が証明しなければなりません。前述した例によれば、甲は「乙の不正行為の事実が真実である」ことを証明する必要があります。ただし、判例は、事実の真実性を証明できなくても、犯罪の故意がないとして名誉毀損罪で処罰されない余地があるとしています。

▌230条の2第2項の解釈

230条の2第2項は、公訴提起前（起訴前）の犯罪行為に関する事実は、公共の利害に関する事実とみなすと定めています。つまり、起訴前の犯罪事実に関する報道などは、230条の2第

２項により上記の①を当然に充たすので、②③の要件を充たせば名誉毀損罪として処罰されないことになります。

230条の2第3項の解釈

　230条の2第3項は、摘示された事実が公務員や公選による公務員の候補者に関するものである場合は、事実の真否を判断し、真実であることの証明があったときは、摘示した目的が公益を図るためであったか否かを問わず、処罰しないことを明らかにしています。たとえば、前述の乙が公務員や選挙の立候補者である場合、乙の不正行為について事実を摘示したときは、他の要件を問うことなく、その事実が真実である以上は、名誉毀損罪として処罰しないことを意味します。

　なお、「摘示された事実」については、公務員やその候補者の適性を判断するのに役立つのであれば、私的な事実であってもかまわないとされています。公務員を選定・罷免する権利は憲法15条が保障する国民の権利ですので、公務員やその候補者に対する批判の自由は十分に確保すべきだからです。

侮辱罪とは

　「バカ」「アホ」などと他人をけなす言葉や、「めくら」「びっこ」のような差別的言辞が多く存在します。こうした言葉を他人に投げかける行為は、侮辱罪で処罰される可能性がありますから、軽率に使うべきではありません。

　侮辱罪とは、事実を摘示せずに、公然と人を侮辱した場合に成立する犯罪です（231条）。名誉毀損罪と同様に、人の社会的評価を害する行為を処罰しますが、事実を摘示せずに行う点で、事実を摘示して行う名誉毀損罪と区別されます。

12 信用および業務に対する罪

信用毀損罪とは

　虚偽の風説を流布し、または偽計を用いて、人の信用を毀損した者を処罰する罪です（233条前段）。実行行為の「虚偽の風説を流布」とは、事実とは異なった噂を流すことです。また「偽計」とは、人をだましたり、人の錯誤や不知を利用するような違法な手段全般を意味します。

　これらの行為で信用を「毀損」するとは、人の経済面における社会的信用を低下させるおそれのある状態を作り出すことを意味し、現実に低下する必要はないと考えられています。

業務妨害罪とは

　虚偽の風説を流布したり、偽計や威力を用いて、人の業務を妨害した場合に成立する罪です（233条後段・234条）。

　業務妨害罪の保護法益である「業務」とは、人（自然人の他に法人その他の団体も含みます）が社会生活を維持する上で、反復・継続して従事する仕事のことです。営利を目的としない事業でも、継続的に行われるものは業務にあたります。

　しかし、公務員が行う公務については争いがあります。公務執行妨害罪は後述のように国家的法益に関する罪であるのに対して、業務妨害罪は個人的法益に対する罪ですから、公務は業務に含まれないとする見解も存在するのです。

　この問題については、公務も業務に含まれるとする見解や、非公務員による公務のみは業務に含まれるとする見解など、非常に議論が錯綜した状態にあります。判例は、警察官の公務の

● 業務妨害罪とは ●

【業務妨害罪の保護法益】
　業務（人の社会生活上の反復・継続して行う仕事）

偽計業務妨害罪
⇒虚偽の風説の流布、偽計を用いる

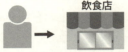

(例)数百回の嫌がらせ電話

威力業務妨害罪
⇒威力を用いる

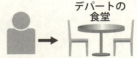

(例)食堂にヘビをばらまく

ように物理的強制力を伴う公務（権力的公務）は業務に含まれないが、それ以外の公務（非権力的公務）は業務に含まれるとする立場です。その根拠は必ずしも明らかではありませんが、警察官による強制力をもつ公務であれば、偽計や威力程度の妨害は排除することができ、そうだとすれば業務妨害罪で保護するまでもない点に求められると考えることができます。

実行行為について

　業務妨害罪の実行行為のうち「虚偽の風説の流布」「偽計」は、信用毀損罪の場合と同じ意味です。偽計の例としては、飲食店の営業を妨害するため、数百回にわたって嫌がらせの電話をかけるなどの行為が挙げられます。
　また「威力」を用いるとは、暴行・脅迫や地位・権勢などを利用して、他人の自由な意思決定を制圧するような威勢を示すことです。たとえば、デパートの食堂にヘビをばらまく行為などが、判例で「威力」を用いた行為と評価されています。

13 財産犯総論

財産犯とは

　財産犯とは、財産が対象である犯罪をいいます。財産犯は、その内容や実行方法によってさまざまな形に分類することができます。第1に、客体が財物であるか、財産上の利益であるかで、財物罪と利得罪とに分けることができます。

　財物罪とは、財物（現金・動産・不動産）が侵害された場合に成立する犯罪で、窃盗罪、強盗罪、占有離脱物横領罪、詐欺罪などがその例です。一方、利得罪とは、財産上の利益（債権や知的財産など）が侵害された場合に成立する犯罪で、2項強盗罪（236条2項）、2項詐欺罪（246条2項）、背任罪などがその例です。

　第2に、領得罪と棄損罪とに分けることも可能です。領得罪とは、財物を利用することを目的として行われる犯罪で、窃盗罪、不動産侵奪罪、強盗罪などを指します。これに対して、毀棄罪とは、財物を破壊することを目的とした犯罪で、器物損壊罪がその代表例です。

財物の意義

　財産犯を検討していく上で、①財物の意義、②財産犯の保護法益、③不法領得の意思、をめぐる大きな問題があります。

　財産犯において、侵害の対象となる客体は、他人の財物と財産上の利益です。しかし財物とは何でしょうか。お金や宝石のような物品が財物にあたるのは間違いありませんが、水力や原子力などのエネルギーは、財物といえるのでしょうか。

第3章 刑法各論

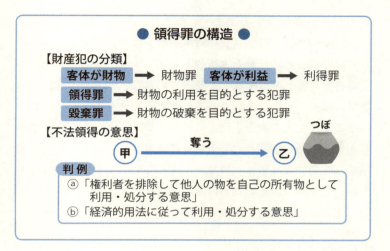

　実は、電気に関しては245条などで「財物」とみなされています。しかし、それ以外のものも「財物」に含まれるのかという形で、財物の意義が争われています。

　この問題について、大きく2つの見解に分かれています。まず、有体物（固体・液体・気体）のみを「財物」とする有体性説です。有体性説からは、特別な規定のない水力などのエネルギーは「財物」になりません。

　もう1つは、有体物に加えて、管理可能な無体物（有体物以外のもの）も財物に含まれるとする管理可能性説です。管理可能性説によれば、水力などのエネルギーも管理可能なために「財物」に該当します。判例は、エネルギーを盗むのも、金品を盗むのと同様に評価して、管理可能性説を採用しています。

財産犯の保護法益

　財産犯が処罰されるのは、物に対する他人の権利を侵害した

からだという見解があります。つまり、財産犯の保護法益は「所有権その他の本権」（物に対する所有権や賃借権など）というわけです。この見解を**本権説**といいます。しかし、本権説の立場をとると、所有権などを持っていれば、他人の手元にある物でも奪ってよい、という結論になりかねません。

そこで、他人が物を事実上所持している、という占有状態こそが財産犯の保護法益だと主張する**占有説**が表れました。財産関係は非常に入り組み複雑で、所有権といっても絶対的な権利とはいえません。そのため占有説の考えは多くの支持を得ました。現在では判例も占有説を採用しています。

▍不法領得の意思とは

客観的には財産犯にあたる行為を行っていても、主観的には他人の財物を不法に領得する意思がない場合は、財産犯の成立を認めないとの解釈がとられています。財産犯の成立要件において、このような意思を**不法領得の意思**と呼びます。

不法領得の意思をどのように考えるのかについては、大きな議論があります。まず、判例が不法領得の意思をどのように定義しているのかを見ておきましょう。

判例は、不法領得の意思が2つの要素から構成されることを明示しています。つまり、ⓐ権利者を排除して他人の物を自己の所有物として利用・処分する意思と、ⓑ経済的用法に従って利用・処分する意思の両者をもって不法領得の意思としています。判例が不法領得の意思として、これら2つの要素を要求しているのは、①使用窃盗との区別と、②領得罪と毀棄・隠匿の罪との区別を、これら2つの意思の存否を検討することによって行おうとするためです。

144

第3章 ■ 刑法各論

① 使用窃盗と窃盗罪の区別

使用窃盗とは、甲が乙の自転車を1時間ほど乗り回し、元に戻した場合のように、他人の財物を一時無断で使用するような行為のことです。使用窃盗を財産犯として処罰しないための根拠として、行為者の意思は一時使わせてもらおうという程度のものにすぎず、他人の物を自己の所有物として利用・処分する意思がない（上記ⓐの意思がない）と説明します。

② 領得罪と毀棄・隠匿の罪との区別

「経済的用法に従って利用・処分する意思」の存否を検討することの意味は、行為の外側から客観的に見ただけでは見分けのつかない領得罪と毀棄・隠匿の罪を、行為者の内面の意思から区別することを意味しています。

領得罪は財産を不法に取得する行為を罰するのに対し、毀棄・隠匿の罪は財産を壊したり隠す行為を罰するものである、という違いがあります。たとえば、甲が乙のもとにあった壺を奪ったとしても、それを不法に取得するつもりだったのか、壊すつもりだったのかは、「奪う」という行為自体からは判断できません。

そこで、両罪を区別できるように、「経済的用法に従って利用・処分する意思」をもって物を奪った場合は、領得罪が成立するのに対し、そのような意思がない場合は、毀棄・隠匿の罪が成立すると判断する考え方が定着しました。

以上の観点から、判例は不法領得の意思にⓐⓑの要素を求めているわけです。もっとも、学説の中には、ⓐⓑのどちらかがあれば足りるとの見解や、不法領得の意思自体が不要だとする見解もあります。不法領得の議論は、非常に複雑なものになっていますので、まずは判例の見解をおさえるようにしましょう。

145

14 窃盗罪

どんな犯罪なのか

他人の財物を窃取した場合に成立するのが窃盗罪です（235条）。万引き、自転車泥棒、スリ、空き巣など、盗まれる物やその態様によってさまざまな呼び方をしています。

窃盗罪の客体である「他人の財物」とは、前の項目で学習した占有説によれば、他人の占有する物のことです。「占有」とは、財物を事実上支配している状態を意味します。

もっとも、事実上支配するといっても、現実に物を持っている必要はありません。たとえば、家屋の中にある物には占有が認められますし、裁判例ではゴルフ場のロストボールはそのゴルフ場の管理者が占有すると判断しています。

窃取行為とは

実行行為である窃取とは、ある財物を自分の物にしたいと思って、それを占有している者の承諾がないのに、こっそり盗み取るような場合をいいます。万引きや自転車泥棒が典型例ですが、その他には、客を装い衣類を試着したまま逃げた場合や、磁石を使ってパチンコ玉を当たり穴に誘導した行為などが「窃取」にあたると考えられています。

窃盗罪の実行行為の着手時期については、財物の内容や場所などを総合的に検討して、具体的に判断されます。判例は、財物に対する侵害の危険が具体化した時点で、実行行為の着手を認めています。なお、窃盗の既遂は、被害者が財物の占有を失い、行為者・第三者がその占有を取得した時点で成立します。

第3章 ■ 刑法各論

● 窃盗罪における占有の有無 ●

（例）

甲 → 窃盗 → 乙　財物

◎他人の「占有」する物
　財物を支配する意思をもち事実上支配している状況
　∴家屋の中にある物やゴルフ場のロストボールにも
　　占有が認められる
　※死者の占有 → 犯行後は「生前の占有」への侵害が
　　　　　　　　　認められる場合がある（判例）

死者の占有について

　占有に関しては、死者の占有の扱いが問題になっています。判例は、女性を殺害した直後に、犯人がその女性の腕時計を見つけて奪い取った事案で、死者の「生前の占有」が保護されると考えた上で、犯人が殺された女性の「生前の占有」を侵害したとして、腕時計の奪取について窃盗罪の成立を認めました。もっとも、犯行が「死亡直後」の事案であるため、死亡後何十時間も経った後に腕時計を奪取しても、窃盗罪の成立が認められるかどうかは明らかではありません。

親族間の特例について

　刑法は親族間で窃盗罪などの財産犯が行われた場合について、特別な処理を行うことを認めています（244条）。これは親族間の特例と呼ばれ、配偶者・直系血族・同居の親族との間で窃盗罪と不動産侵奪罪（両罪の未遂犯を含む）を犯した者は、その刑が免除されます。これに対し、その他の親族との間で犯したときは、親告罪（告訴がなければ起訴できない罪）となります。

147

15 強盗の罪

どんな犯罪なのか

暴行や脅迫を用いて、他人の財物を強取した場合に成立する犯罪が強盗罪です（236条）。強盗罪は、単に財産を害するだけでなく、人の生命・身体へ大きな侵害や危険をもたらすため、非常に重い刑が科されています。

強盗罪の実行行為は強取です。強取とは、①暴行・脅迫によって、②相手方の犯行を抑圧し、③その意思によらずに財物を自己や第三者の占有に移す行為です。

① 暴行・脅迫

強盗罪における暴行・脅迫とは、相手の反抗を抑圧する程度に強度のものを必要とすると考えられています（最狭義の暴行・脅迫）。財物を奪う際に暴行・脅迫が用いられても、相手の反抗を抑圧する程度でなければ、恐喝罪が成立します。

② 相手方の反抗を抑圧する

暴行・脅迫により、相手方が犯人に対して反抗する気持ちを失わせる（無抵抗状態になる）ことです。

③ 意思によらずに財物を自己や第三者の占有に移す

無抵抗状態になった相手方から財物を奪い取って、自分か第三者の事実上の支配に置くことです。

以上の３つの要素は、相互に結びついていることを要求するのが通説です。たとえば、①の暴行・脅迫は、③の財物移転を目的としてなされる必要があります。②と③に関しては、相手方が反抗を抑圧されていない状態で財物が移転しても、強盗罪は既遂になりません。判例は、反抗を抑圧するに足りる暴行・

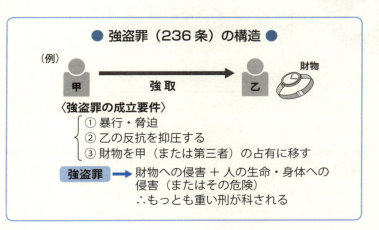

脅迫をすれば、被害者があわれみの感情から財物を移転しても、強盗既遂罪の成立を認めていますが、学説の批判が強いところです。

強盗利得罪とは

強取により、財産上不法の利益を得たり、他人にこれを得させた場合に成立するのが強盗利得罪です（236条2項）。条文の規定が2項にあることから**2項強盗罪**とも呼ばれています。

ここで「財産上不法の利益を得る」とは、たとえば債権者に暴行・脅迫を加えて、借りていたお金を返さないで済むようにするなどの行為が挙げられます。

なお、強盗利得罪の成立を認めるためには、被害者に利益を処分する意思が必要とする見解があります。処分意思を要求すると強盗利得罪の既遂時期を明確にできますが、暴行・脅迫によって意思の自由を奪われた被害者に処分意思を求めることは困難ですから、処分意思を不要とするのが判例・通説です。

16 事後強盗罪

どんな犯罪なのか

泥棒が、窃盗を終えたところを発見されて、盗んだ物を奪い返されまいと暴行行為を働くことがしばしばあります。これを事後強盗罪と呼びます。事後強盗は238条により、強盗罪と同様の刑罰が科されます。

事後強盗罪は、窃盗の犯人が盗んだ物を取り返されないようにするためや、逮捕されないため、犯罪の証拠となる痕跡を隠すために、暴行や脅迫をすることで成立します。事後強盗罪の「窃盗」とは、窃盗行為を行った者のことです。事後強盗罪は窃盗犯人しか犯すことのできない真正身分犯です。

なお、事後強盗と居直り強盗とは別物ですので注意が必要です。居直り強盗とは、たとえば盗みに入って財物を物色しているときに発見されたが、暴行・脅迫を加えて財物を確保する場合です。つまり、当初は窃盗罪の実行行為に着手していたが、それが犯行途中で発覚した場合、財物を確保するために「居直って」暴行・脅迫を用いて、財物の強取を達成することです。事後強盗罪の暴行・脅迫は、逮捕を免れ、財物の取戻しを防ぐなどのために行われるのに対し、強盗罪（236条）となる居直り強盗の暴行・脅迫は、財物を奪いやすくしたり新たな財物を奪取するために用いられる点が異なるのです。

事後強盗の暴行・脅迫

事後強盗罪も強盗として処罰される以上、そこで要求される暴行・脅迫の程度は、強盗罪と同様で、相手の反抗を抑圧する

150

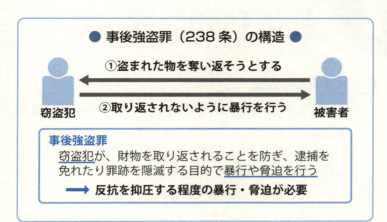

程度のものである必要があります（最狭義の暴行・脅迫）。

ところで、窃盗を行った後に、逮捕を免れ、財物の取戻しを防ぐなどの目的で暴行・脅迫を行えば、どんなに時間がたっていたとしても、事後強盗罪とみなされるのでしょうか。

たとえば、甲が乙宅から物を盗み、逃走した姿を乙が目撃していたとします。乙は1か月後、偶然街で甲を見つけて、甲を捕らえようとしました。このとき、甲が乙から逃れようと乙に暴行を働いた場合、事後強盗罪が成立するのでしょうか。

一般に事後強盗罪が成立するためには、窃盗犯による暴行・脅迫が、窃盗の現場や窃盗の機会の継続中に行われる必要がある、と考えられています。つまり、窃盗行為が行われた場所や行われた時間から、あまりにも離れた場所や長時間が経過した後に暴行・脅迫がなされた場合には、事後強盗罪の成立が認められないことになるのです。したがって、例に挙げた甲については、事後強盗罪は成立しない（窃盗罪に加えて暴行罪か傷害罪が成立する）ことになるでしょう。

17 強盗致死傷罪など

どんな犯罪なのか

強盗が、人を負傷させたり死亡させたときには強盗致死傷罪が成立します（240条）。強盗致死傷罪は非常に刑が重く、負傷させた場合は無期または6年以上の懲役、死なせてしまった場合は死刑または無期懲役刑が科されます。

このように、刑法が強盗致死傷に対して厳格な態度で臨んでいるのは、強盗行為に人の生命・身体を害する危険性が大きいことを深く認識させ、その抑制を図ったからです。

死傷の結果はどんな行為から発生する必要があるのか

死傷の結果は、財物奪取に向けられた暴行・脅迫によって生じなくても、強盗の機会に生じたものであればよいと考えられています。たとえば、甲が乙の財布を奪おうと暴行を加えたところ、逃げ出した乙が転んで負傷した場合でも、甲に強盗致傷罪は成立します。このとき、甲が財物を奪取できなくても、乙を死傷させれば強盗致死傷罪が成立します。もっとも、法定刑が厳しい強盗致死傷罪は、強盗の手段としての暴行・脅迫から死傷結果が発生する必要があるという批判もあります。

強盗致傷罪における負傷の程度など

強盗致傷罪が成立するための「負傷」の程度は、傷害罪における「傷害」と同じ程度と考えるのが、もっとも素直な解釈といえるでしょう。判例はこのように考えています。

これに対して、刑法が強盗罪とは別の犯罪として強盗致死傷

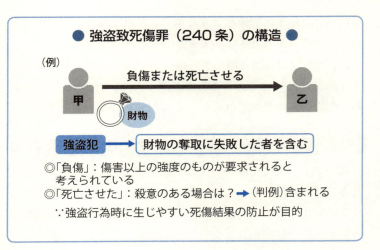

罪を規定しており、強盗罪の成立要件として「相手の反抗を抑圧する程度」の強度な暴行・脅迫を要求していることから、暴行・脅迫の過程で、ある程度の傷害が被害者に生じていることが想定されます。また、強盗致傷罪は「負傷」と規定し、「傷害」とは異なる言葉を用いています。そこで、強盗致傷罪における負傷は、傷害罪における傷害よりも程度が重い、つまり人の生理的機能に著しい影響を与えるような程度の傷害が必要であるとする見解も主張されています。

240条の「死亡させた」には殺意ある場合を含むか

240条の条文を見る限り、殺意がある場合は含まれないようにも見えます。もし含まれないとすれば、強盗の際、故意に人を殺した場合は強盗致死罪が成立せず、殺人罪と強盗罪との観念的競合を認めることになります。

しかし、判例・通説は「死亡させた」との文言には、殺意が

ない場合（結果的加重犯となる場合）だけでなく、殺意がある
場合も含まれると考えています。

240条が強盗行為の際に生じやすい死傷の結果を防止するの
を目的とした規定であることを考慮すれば、240条には故意に
殺した場合も当然含まれると考えるのが適切だからです。

強盗・強制性交等罪および強盗・強制性交等致死罪とは

犯罪学上、強盗犯は、しばしば被害者に対して強制性交等の
行為に及ぶ傾向があるといわれています。そこで、このような
行為の防止のために厳罰を用意しているのが、強盗・強制性交
等罪および強盗・強制性交等致死罪の規定です（241条）。

強盗・強制性交等罪は、強盗犯が被害者に対して強制性交等
に及んだ場合に成立し、強盗・強制性交等致死罪は、強制性交
等の際に被害者を死亡させた場合に成立します。

なお、「強盗・強制性交等致傷罪」という致傷の場合に関す
る規定は設けられていません。その理由は、強制性交等に及ぶ
場合に生じる傷害の結果は、強制性交等罪において評価されて
いるからだといわれています。

強盗・強制性交等致死罪は殺意のある場合を含むか

強盗・強制性交等致死罪については、強盗致死罪と同様に、
強盗犯人が殺意をもって、被害者に対して強制性交等に及んだ
場合にも「死亡させた」といえるのかが問題になります。

この点は、強盗致死罪と異なり、強盗・強制性交等致死罪に
ついては、故意に死の結果をもたらした場合は含まれないと考
えるのが判例・通説です。強盗犯が被害者に対して強制性交等
に及んだ際、故意で被害者を殺害する場合が多いとはいえず、

第3章 ■ 刑法各論

また、強盗・強制性交等致死罪は結果的加重犯であるため、刑法は故意のある場合を含めていないと考えられるからです。

では、強盗・強制性交等致死罪が故意の殺害を含まないとしたら、殺意のある場合はどのような処罰を受けるのでしょうか。この問題については、さまざまな主張がありますが、判例・通説は、殺意のある場合については、強盗・強制性交等罪および強盗殺人罪との観念的競合になると考えています。

強盗予備罪とは

強盗罪を犯す目的で、その予備をした場合に成立するのが強盗予備罪です（237条）。注意したいのは、殺人予備罪や放火予備罪などと異なり、情状による刑の免除がないことです。

強盗予備罪については、事後強盗罪の予備を肯定することができるかどうかが議論されています。つまり、強盗予備罪における「強盗の罪を犯す目的」には、事後強盗罪を侵す目的も含まれているのかどうかが争われています。たとえば、甲が空き家へ窃盗に入ることを計画し、もし誰かに発見されたら脅して逃げようと武器を携帯して徘徊していたような場合、甲に事後強盗罪の予備が認められるかどうかが問題となります。

このとき、甲には逮捕を免れるために暴行・脅迫をする目的があるといえ、事後強盗罪の予備をしていると評価できるようにも見えます。判例・多数説は、甲と同じような行為がなされたケースで、事後強盗罪の予備を認めています。

これに対し、事後強盗は逮捕を免れるなどの目的で、とっさに暴行・脅迫を行う犯罪類型であり、その目的で予備をするということは想定できないとして、判例・多数説を批判し、事後強盗罪の予備を認めない見解があります。

155

18 詐欺罪

どんな犯罪なのか

　人をだまして、財物の引渡しを受けると詐欺罪に問われます（246条1項）。たとえば、存在しない商品を存在するかのように装い、代金を支払わせて持ち逃げする場合です。また、代金のおつりが多いことにその場で気づいたが、それを告げずにお店を立ち去ると詐欺罪が成立します（つり銭詐欺）。

　詐欺罪で重要なのは、実行行為から結果発生までに至るプロセスです。詐欺罪は、①だます行為（欺罔行為）によって開始されます。続いて、②欺罔行為によって相手が錯誤に陥ることが必要です。さらに、③錯誤に基づいて相手が財物を交付しなければなりません（処分行為）。この処分行為によって、④行為者や第三者が財物の占有を取得すると、詐欺罪が既遂に達します。

① 　欺罔行為

　言語や動作を問わず、不作為も欺罔行為となる場合があります。

② 　錯誤に陥ること

　詐欺罪は「欺罔行為→錯誤→処分行為」のプロセスが因果関係で相互に結びついていることを要する犯罪です。そのため、商品があると勘違いして欺罔行為者に代金を支払うなど、処分行為の前提として被害者が錯誤に陥ることが必要です。しかし、商品がないと知りつつ欺罔行為者が哀れになり代金を支払うなど、被害者が錯誤に陥っていなければ、錯誤と処分行為の因果関係が否定されて詐欺罪は未遂となります。

③④ 　処分行為と財物の占有の取得

　246条に「処分行為」という言葉は規定されていませんが、

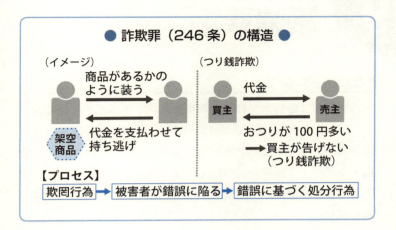

窃盗罪と詐欺罪とを区別する重要な指標となります。つまり、窃盗罪が相手の意思に反して財物の占有を奪う罪であるのに対して、詐欺罪は相手がだまされているとはいえ、一応相手の意思によって財物が引き渡されています。この処分行為によって財物の占有を取得するのが詐欺罪であり、財物を奪う罪ではない点で両者を区別することができます。

詐欺利得罪とは

人をだまして財産上不法の利益を得たり、他人にこれを得させた場合に成立するのが詐欺利得罪です（246条2項）。詐欺によって奪われる客体が財物でなく「財産上の利益」（債務の免除など）である点が、通常の詐欺罪とは異なります。

実行行為は詐欺罪と同様で、欺罔行為、錯誤というプロセスを経た後、処分行為によって財産上の利益を得ることで既遂に達します。財産上の利益は一時的なもの（借金返済の一時猶予など）も含みます。

19 恐喝罪

どんな犯罪なのか

　人を脅して財物を交付させた場合に成立する犯罪が恐喝罪です（249条1項）。財産上の利益を得た場合は恐喝利得罪（2項恐喝罪）となります（249条2項）。俗にいうカツアゲを処罰する犯罪です。検挙者の多くを暴力団員が占めていることや、少年の検挙率が高いことが特徴です。恐喝罪の刑期は詐欺罪と同様に10年以下の懲役と決して軽くはありません。

　恐喝罪における「恐喝」とは、脅迫を手段として「犯行を抑圧しない」程度に相手方を畏怖させ、財物や財産上の利益を要求することです。犯行を抑圧した場合は強盗罪が成立します。

　また、脅迫だけでなく「反抗を抑圧しない」程度の暴行を手段とすることも可能です。なお、恐喝罪における脅迫は、脅迫罪の実行行為である「脅迫」とは異なり、害悪の対象に制限はありません。恐喝罪は「お金をよこさなければ恋人を殺すぞ」と、自分や親族以外の者への害悪を予告しても成立します。

　恐喝罪は、被害者の処分行為が原則として必要になります。しかし、処分行為の内容は詐欺罪よりも緩やかに理解されており、畏怖して黙認しているのを利用して行為者が財物を奪取した場合に処分行為を認めた判例があります。

権利行使と恐喝

　かつて金銭の貸主が、借主に対し「腎臓や目玉を売って返済資金を捻出しろ」などといって、借金の返済を迫ったことが恐喝罪（未遂）にあたるとされた事件がありました。貸主の行動

158

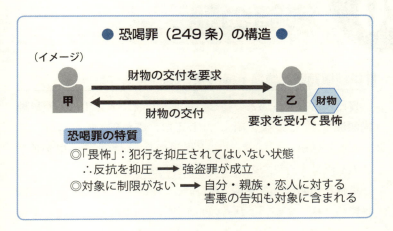

には行きすぎがあったとはいえ、一応は法律に基づく借金の返済を求めたにすぎない事例でした。

実は学説の中には、恐喝の手段を用いて権利行使をした場合は、恐喝罪とすることができないという見解も存在します。自分の正当な債権の弁済を請求したにすぎず、相手に財産上の損害が生じたとはいえないので、財産犯としての恐喝罪は成立しないというのがその根拠です。

しかし、判例・通説は、権利行使の方法が「社会通念上一般に許容すべきものと認められる程度を逸脱した恐喝手段である場合」には、借主（債務者）から受領した金額について恐喝罪の成立を認めます。被害者である借主の立場からすれば、恐喝によって貸主（債権者）に支払った金額分だけ手元から失われているからです。もっとも、権利行使の方法が社会通念上一般に許容すべき程度であれば、違法性が阻却され、恐喝罪が成立しないことになります。

20 横領の罪

単純横領罪と業務上横領罪

　自己の占有する他人の物を横領した場合に成立するのが単純横領罪です（252条1項）。たとえば、乙から「旅行に行っている間、預かっておいてよ」と保管を頼まれた車を、甲が勝手に売り飛ばす行為などが単純横領罪にあたります。

　単純横領罪は、窃盗罪、強盗罪、詐欺罪、恐喝罪と同様に領得罪の一種ですが、これらの罪が他人の財物に対する占有を奪う（侵害する）ものであるのに対して、単純横領罪は占有を侵害せずに財物を取得する点が異なります。つまり、占有を移転せずに成立する犯罪であるという特徴があります。

　なお、横領が他人の物の占有を業務として行っている者によってなされた場合には、業務上横領罪が成立します（253条）。

自己の占有する他人の物

　横領罪の客体は「自己の占有する他人の物」です。横領罪でいう「占有」は、窃盗罪などの「占有」とは意味が異なることに注意しましょう。つまり、窃盗罪などの「占有」は、財物に対する事実的な支配（事実上の支配）を意味しますが、横領罪における「占有」は、財物に対する事実的な支配に加えて、法的な支配も含まれると考えられています。

　法的な支配とは、財物を法的な観点から自由に扱える権利をもっていることを意味します。たとえば、乙から金銭の保管を頼まれた甲が、それを銀行に預金した場合、乙の金銭を事実的に支配しているのは銀行だといえますが、その金銭を自由に引

160

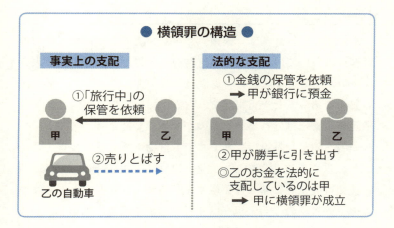

き出すことができるのは甲です。甲が金銭を自由に引き出すことができるのは、乙からその権利を法的な意味で委ねられているからに他なりません。つまり、乙の金銭に対する法的な支配が甲に存在するわけです。横領罪の「占有」には、このような法的な支配の意味も含まれているのです。

また、単純横領罪・業務上横領罪が成立するためには、「他人の物」に対する占有が委託信任関係に基づいていることが必要です。つまり、他人の物を「預かっておいてくれよ」と頼まれるなど、委託によって（依頼を受けて）自己の占有する状態になったことが求められるのです。

そのため、横領罪の保護法益に関しては、第一次的には他人がその財物に対して持っている所有権ですが、委託信任関係も第二次的な保護法益となると考えられています。この委託信任関係が単純横領罪・業務上横領罪の成立要件となっているのは、後述する遺失物横領罪と区別するためです。

横領の意義

横領罪の実行行為は「横領」ですが、横領とは何か（横領の意義）については、主に越権行為説と領得行為説との間で大きな争いがあります。越権行為説は、横領罪が委託信任関係を破る犯罪であることを重視して、占有している他人の物について権限を超えた処分行為をするのが「横領」だと考えます。

一方、領得行為説は、あくまでも財物の所有権が侵害されたことに重点を置くもので、自らが占有している他人の財物を、不法領得の意思に基づき領得する行為が「横領」だと考えます。

以上の各説のうち、現在は領得行為説を通説は採用しています。横領罪が財物の領得を本質としている以上、領得行為を中心として横領罪の実行行為をとらえるべきだからです。

判例も、横領行為とは、「他人の物の占有者が委託の任務に背いて、その物につき権限がないのに、所有者でなければできないような処分をする意思」（これが横領罪における不法領得の意思です）が外部に表れることとして、領得行為説を採用しています。

横領行為は、占有していた物の売買、贈与、質入れなどをする行為や、勝手に抵当権の設定などをするといった形でなされます。

二重譲渡と横領罪

不動産の二重譲渡とは、たとえば、甲が自己のA不動産を乙に売却した後で、A不動産の登記が自己に残っていることを悪用して、それをさらに第三者の丙に売却する場合をいいます。

このような不動産の二重譲渡については、それを行った売主に横領罪が成立すると考えられています。物の所有権は、当事者間の特約（約束）がない限り、売主と買主との間で売買契約

第3章 ■ 刑法各論

が成立した段階で、買主に移ると考えられているからです。

この例でいえば、A不動産の所有権は、乙に売却された時点で乙へ移転します。すると甲は、乙の所有物であるA不動産を占有している状態になるわけです。つまり、A不動産は、甲にとって「自己の所有する他人の物」になるのです。

そして、乙の所有物であるA不動産を勝手に売却するような行為は、所有権者でなければできない処分行為を行ったものといえるので、「横領」と評価されることになります。

以上のような流れにより、二重譲渡の売主甲には、横領罪が成立するわけです。

さらに判例は、第2譲受人である丙に、横領罪の共犯が成立する場合があるとの判断を示しています。具体的には、第2譲受人が、不動産がすでに第1譲受人に売られていることを知りながら、執拗に自己に売ることを迫って売却させたような場合に、横領罪の共犯を認めています。

▌遺失物横領罪とは

遺失物横領罪は、遺失物、漂流物その他占有を離れた他人の物を横領した場合に成立する犯罪です（254条）。占有離脱物横領罪ともいいます。

単純横領罪が自己の占有する他人の物を横領するものであるのに対し、遺失物横領罪は遺失物などの他人の占有を離れた物を横領した場合を処罰するものです。

「遺失物」とは、占有者の意思によらずにその占有を離れ、誰の占有にも属していない物、落とし物のことです。また、遺失物が水中にある場合を「漂流物」といいます。

163

21 背任罪

どんな犯罪なのか

背任罪は、①他人のためにその人（本人）の事務を処理する者が、②自己や第三者の利益を図ったり、本人に損害を加える目的で、③その任務に背く行為をして、④本人に財産上の損害を加えたときに成立します（247条）。たとえば、物の売却を依頼された者が友人に儲けさせようと思って、不当に安い値で売却した場合などがあてはまります。

① 事務処理者

背任罪の主体は、他人のために誠実に事務を処理する義務を負う「事務処理者」です。背任罪における「事務」とは、財産上の利害に関する仕事一般を指すと考えるのが多数説です。

② 図利加害目的

背任罪の実行行為は、自己や第三者の利益を図ったり本人に損害を加える目的で行われる必要があります。

③ 任務違背行為

実行行為は、事務処理者として委託された任務について信任を裏切り、誠実な処理を行わないこと（任務違背行為）です。

判例・通説は、背任罪の本質について、信任関係に違反して財産を侵害する罪とする見解（背信説）を採用し、法律行為（契約など）の他に、事実行為（データ管理など）に関して任務違背行為がなされた場合にも、背任罪が成立すると考えています。

④ 財産上の損害

事務処理者に事務を委託した本人に、財産上の損害が発生することによって、背任罪は既遂となります。なお、ここで

164

第3章 刑法各論

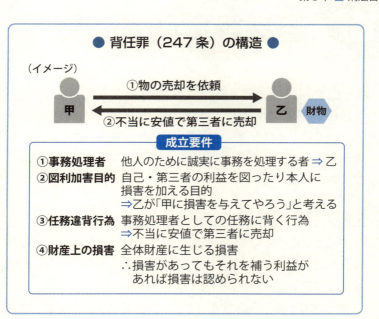

の「財産」は個別の財産ではなく、本人の全体財産を指すので、個別の財産という意味では、本人に損害が生じていたとしても、経済的見地から見て、それを補う利益が存在すれば、全体財産の減少はなく損害はなかったと評価することができます。

横領罪と背任罪の区別

背任罪に関しては、横領罪と区別する基準をどのように考えるべきかが議論されています。1つの見解として、占有していた物に対して所有権者しか行えないような処分を行ったか否かに求めるものがあります。具体的には、所有権者しか行えないような処分である場合は横領罪の成立を認め、それ以外の任務に背く処分である場合は背信罪の成立を認めます。

165

22 盗品等に関する罪

どんな犯罪なのか

盗品等に関する罪とは、盗品や財産に対する罪にあたる行為によって領得された物について、その事後処分に関与することを罰する犯罪です。事後処分には、後述する5つの実行行為が含まれます。

本質については争いがある

盗品等に関する罪については、その本質（盗品等に関する罪は何を処罰しようとするのか）をめぐる争いがあり、主に追求権説と違法状態維持説が対立しています。

追求権説とは、盗品が第三者の手に渡ることによって、被害者が盗品を追求し、取り戻すことが困難になることが、盗品等に関する罪の本質だと考える見解です。一方、違法状態維持説とは、犯罪によって成立した違法な財産状態を維持・存続させることが、盗品等に関する罪の本質だとする見解です。

判例・通説は、財産犯に限り盗品等の罪を認める刑法の条文にふさわしいとして、追求権説の立場をとっています。

客体について

盗品等に関する罪の客体は「盗品」と「財産に対する罪にあたる行為によって領得された物」です。窃盗などの財産犯にあたる行為によって取得した物であればよく、本犯（財産犯を犯した人）が財産犯として処罰されている必要はありません。

166

第3章 ■ 刑法各論

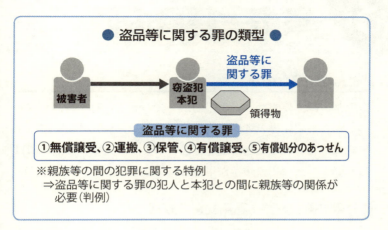

実行行為

盗品等に関する罪の実行行為は、①無償譲受、②運搬、③保管、④有償譲受、⑤有償処分のあっせんの5つです。

このうち「運搬」には、本犯者の要求する多額の金員の支払いと引き換えに、被害者宅に盗品を運ぶような行為も含まれます。また「保管」については、保管を委託された者が、後から盗品であることに気づいたにもかかわらず、そのまま放置した（保管を継続した）場合を含むと考えられています。

親族等の間の犯罪に関する特例

盗品等に関する罪には、それが親族等の間でなされた場合について、窃盗罪などと同様の規定があります。たとえば、配偶者との間や、直系血族、同居の親族、これらの者の配偶者との間で盗品等に関する罪が行われた場合は、刑が免除されます（257条）。親族関係に関しては、盗品等に関する罪の犯人と本犯（財産犯を犯した人）との間で必要とするのが判例です。

23 毀棄・隠匿の罪

どんな犯罪なのか

毀棄・隠匿の罪は、財物の効用を失わせる行為を処罰するものです。不法領得の意思が要求されず、単に他人の物を侵害する行為が行われることによって成立します。毀棄・隠匿の罪には、いくつかの犯罪類型が用意されています。

公用文書毀棄罪・私用文書毀棄罪

公務所（役所や警察署など）で用いられる文書や電子メールなどの電磁的記録を毀棄した場合に成立するのが公用文書毀棄罪です（258条）。一方、権利・義務に関する他人の文書や電磁的記録（電子メールなど）を毀棄した場合に成立するのが私用文書毀棄罪です（259条）。

実行行為である「毀棄」については、物理的な損壊のみを指すと考える見解（物理的損壊説）も主張されていますが、判例・通説は、本来的な効用を害する一切の行為（効用侵害説）を指すと考えています。したがって、文書を破る行為の他、水浸しにする行為なども「毀棄」にあたります。

建造物損壊罪

他人の建造物や艦船を損壊した場合に成立する罪です（260条）。「建造物」とは、家屋その他これに類似する建築物を指します。したがって、障子や襖、雨戸などを破壊しても建造物損壊罪は成立しません。実行行為の「損壊」は、上記の「毀棄」と同様に、物の効用を害する一切の行為を意味します。

第3章 刑法各論

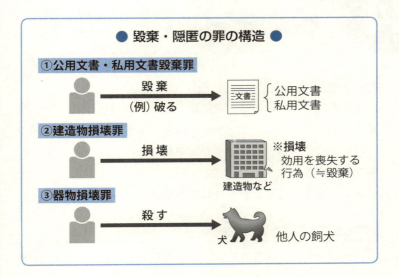

　なお、建造物損壊罪の行為によって死傷の結果を生じさせた場合は、建造物損壊致死傷罪が成立し、重く処罰されます。

器物損壊罪

　公用文書、私用文書、建造物・艦船以外の他人の財物を損壊したり、傷害した場合に成立するのが**器物損壊罪**です（261条）。土地、動物も器物損壊罪の客体になります。たとえば、他人の飼犬を殺す行為などが器物損壊罪にあたります。

　実行行為の「損壊」は、公用文書毀棄罪などと同様に、物の効用を害する一切の行為を指すと考えられています。裁判に表れたユニークな「損壊」の例としては、鯛と海老を描いた掛軸に「不吉」と墨で書いた行為や、水門を開いて鯉を放流させた行為などがあります。また、すき焼き鍋などに放尿する行為に対し器物損壊罪の成立を認めた判例も存在します。

169

24 放火および失火の罪

どんな犯罪なのか

　放火および失火の罪は、建造物、電車、艦船などに火を付けるなどして燃やすことで、公共の危険を生じさせる犯罪です。

　その保護法益は、不特定または多数の人の生命、身体や財産の安全です。放火および失火の罪のように、不特定または多数の人々の安全を脅かす犯罪を公共危険罪といいます。

抽象的危険犯と具体的危険犯

　危険犯とは、実行行為によって法益が現実に侵害されていなくても、それによって法益侵害の危険が発生すれば成立する犯罪のことです。法益侵害の結果が生じていないのに危険犯が処罰されるのは、法益の種類によってはそれが危険にさらされただけでも処罰する必要性が高いと判断されるためです。

　放火および失火の罪は公共危険罪といわれるように、危険犯の典型です。危険犯については、具体的危険犯と抽象的危険犯とに分類することができます。

　具体的危険犯とは、条文上、危険の発生が要件となっている犯罪です。一方、抽象的危険犯とは、条文上、危険の発生が要求されていない犯罪です。両者の違いは、具体的危険犯が既遂となるためには、実行行為によって具体的な危険が生じることが必要であるのに対して、抽象的危険犯では、具体的な危険の発生は不要である点です。

　放火および失火の罪は、条文によって具体的危険犯か抽象的危険犯かが異なる、という特徴があります。たとえば、109条

第3章 ■ 刑法各論

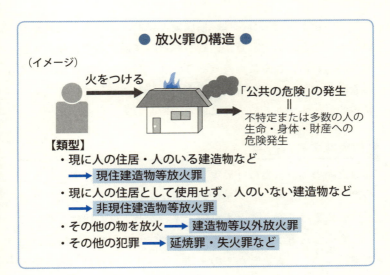

2項は、現に人が住宅として使っておらず、現に人が入ってもいない建造物などが自分の物であった場合、これに火をつけても、「公共の危険が生じなかったときは、罰しない」ことを明記しています。つまり、危険の発生が放火罪の成立要件になるわけで、109条2項の罪は具体的危険犯にあたります。

一方、109条1項は現に人がいない他人の建造物などを放火した場合を規定しています。しかし、2項のように「公共の危険」の発生という要件は明記されていませんので、109条1項の罪は抽象的危険犯にあたります。

公共の危険の認識

109条2項の罪が具体的危険犯であるとは、具体的危険の発生が構成要件要素であることを意味しているといえます。そのため、放火行為を行った者が、公共の危険が発生することを認

識していなかった場合には、構成要件にあたる事実を認識していなかったとして、故意が阻却される（後述する失火罪の成否が検討される）ことにもなりそうです。しかし、判例は、公共の危険の発生の認識は不要であり、これを認識していなくても具体的危険犯である放火罪は成立すると考えています。

放火罪の実行行為

放火罪の実行行為は「放火」です。典型的には、家屋に火をつけたり、車にガソリンをまいて燃やす行為です。放火行為は不作為によって行うことも可能です。たとえば、居眠りをしていて失火した者が、自己の失火が発覚することを恐れて逃げた事案について、火災となるのを防止すべき作為義務を怠ったとして、不作為の放火罪を認めた判例があります。

なお、108条・109条1項の罪にあたる放火罪に限り、未遂や予備が処罰されます（112条・113条）。

放火罪が既遂となるためには、放火行為に着手しただけでは足りず、放火した目的物（建造物など）を「焼損」する必要があります。ここで問題になっているのが「焼損」という言葉の意味です。主に4つの見解が主張されています。

まず主張された見解は「独立燃焼説」です。これは火が媒介物（ライターなど）を離れて目的物に燃え移り、目的物が独立して燃焼を継続するに至ることを「焼損」とする考え方で、判例が採用しています。公共の危険を重視し、被害が拡大する前の最も早い時点で放火罪の既遂を認めます。

しかし、わが国の建物は木材が多く用いられており、独立燃焼説を採用すると、放火罪が未遂にとどまる余地がほとんどなくなると批判されました。

172

そこで、主張されたのが「効用喪失説」という考え方です。これは目的物の重要部分が焼失し、その効用が失われたときに「焼損」を認めるべきだと考えます。効用喪失説は放火罪の既遂時期を遅い段階に求める、つまり未遂となる余地を広く認めるものです。その他、物の重要部分が炎を上げて燃焼を始めた時点を焼損とする「燃え上がり説」や、火力により目的物が毀棄罪の程度に達した時点を焼損とする「毀棄説」も主張されています。

放火および失火の罪と各犯罪

ここでは、放火および失火の罪について、特に重要なものに絞って説明していくことにします。

現住建造物等放火罪（108条）は、放火罪のうち「現に人の住居に使用し、または現に人がいる建造物、汽車、電車、艦船または鉱坑」に放火した者を処罰する規定です。ここでいう「人」とは、犯人以外の者を指し、「現に住居に使用」するとは、起臥寝食の場所を意味します。

非現住建造物等放火罪（109条）は、その名が示すように「現に人が住居に使用せず、かつ、現に人がいない建造物」などに放火した者を処罰する規定です。そして、現住建造物等放火罪や非現住建造物等放火罪の客体以外の物を放火した場合に成立するのが建造物等以外放火罪です（110条）。

また、延焼罪（111条）における「延焼」とは、火事が火元から他の場所に燃え移ることをいいます。そして、過失によって出火させ、現住建造物等や非現住建造物等を焼損した場合に成立するのが失火罪です（116条）。業務で火気を取り扱う者については業務上失火罪が規定されています（117条の2）。

25 通貨・有価証券などの偽造罪

通貨偽造の罪と各犯罪

　通貨の偽造（お札や硬貨を偽造する行為）に関係する行為を処罰するのが通貨偽造の罪です。その保護法益は、通貨に対する公共の信用であると考えられています。ニセ金の流通は、本物の通貨に対する不信を招きかねません。また、お金をもらうたびに真偽を確認しなければならない状況になると、円滑な取引が阻害されるため、通貨偽造の罪は厳しく処罰されています。通貨偽造の罪には、その行為態様に応じて、以下のような種類があります（148条〜153条）。

① 通貨偽造罪

　通貨偽造罪とは、本物として使う目的で、現在通用している通貨（お札や硬貨）を偽造・変造した者を処罰する規定です。「通用する」とは、たとえば商品を買ったときに、1万円札や500円硬貨などを使って支払うことが、法的に認められているということです。通貨偽造罪の実行行為は、一般人に「本物だ」と思わせるようなニセの通貨を作ること、つまり偽造行為です。もっとも、偽造行為を行う際に「行使の目的」がなければ、通貨偽造罪は成立しません。「行使の目的」とは、本物の通貨として流通に置く目的のことです。「流通に置く」とは、通貨を取引の流れの中に置くという意味で、たとえば、それで物を買ったり、それを貸すような行為を指します。

　なお、148条1項では通貨を「変造」する行為も処罰されます。「変造」とは、千円札を加工して1万円札に変えるなど、本物の通貨を加工して異なった外観に変えることです。

② 偽造通貨行使罪

　偽造・変造された通貨（偽貨）を、実際に使った場合（行使）や、本物として使う目的で（行使の目的で）人に渡したり（交付）輸入した場合を処罰するものです。偽造通貨行使罪の特徴は、行使される通貨が第三者の偽造・変造したものでもかまわず、その通貨の偽造・変造にあたって「行使の目的」が不要であることです。

　たとえば、ドラマ撮影のためにニセの通貨を作成することには「行使の目的」がなくても、別の者がニセの通貨を撮影現場から持ち出し、それをコンビニで利用して商品を購入したときは、偽造通貨行使罪が成立するのです。

　なお、ここでいう「交付」とは、偽貨であると告げたり、偽貨であると知っている相手に手渡すことです。

③ 偽造通貨収得罪

　本物として使う目的（行使の目的）で偽造・変造された通貨

（偽貨）を収得した場合に成立する罪です。「収得」とは、偽貨を自己の所持に移す一切の行為のことで、有償・無償を問いません。たとえば、もらったり、商品を売った代金として手に入れる場合などが「収得」にあたります。また、「行使の目的」が必要なため、偽貨であることを認識して受け取ることが要求されます。

④　偽造通貨収得後知情行使罪

通貨を収得した後に、それが偽造や変造による（偽貨である）ことを知ったにもかかわらず、知らないふりをして使ったような場合に成立する犯罪です。

同じく偽貨を手に入れる行為なのに、偽造通貨収得罪の刑期が3年以下の懲役であるのに対して、偽造通貨収得後知情行使罪の刑期は罰金もしくは科料であるにすぎません。

その理由は、ニセ金と知らずに収得した後、ニセ金と知ってそれを行使する行為は、強く非難することは困難だからです。

⑤　通貨偽造準備罪

通貨の偽造や変造に使う目的で、器械や原料を準備した場合に成立する罪で、一般に通貨偽造罪の予備罪と考えられています。

なお、殺人予備罪などの通常の予備であれば、既遂に向けたすべての準備行為が含まれるのに対して、通貨偽造準備罪では「器械・原料の準備」に限定されることに注意が必要です。

有価証券偽造の罪と各犯罪

有価証券偽造の罪の保護法益は、有価証券に対する公共の信用です。有価証券とは手形・小切手などのように一定の財産的価値をもつ権利を表章した証券のことです。

現在の取引において、有価証券は通貨と同様の支払機能を果

たすなど、重要な役割を担っています。そこで、有価証券の偽造によって生じる、真正な有価証券に対する不信や有価証券の円滑な流通の阻害といった事態を防止するために、有価証券偽造の罪が定められました。有価証券偽造の罪は、その態様に応じて、以下の犯罪類型が用意されています（162条〜163条）。

① **有価証券偽造罪**

　本物として使う目的で、公債証書（国や自治体が公債を持つ人に交付する証券）、官庁の証券、会社の株券その他の有価証券を偽造したり変造した者を処罰する規定です。

　偽造・変造の意義については、作成権限がないのに他人の名前で勝手に小切手を振り出すような行為が「偽造」であり、権限がないのに他人名義の小切手の金額を改ざんするような行為が「変造」にあたります。

② **有価証券虚偽記入罪**

　本物として使う目的で有価証券に虚偽の記入をした場合に成立する罪です。ここでいう「虚偽記入」とは、「裏書、引受、保証などの付随的証券行為において真実と異なる記載をすること」であり、他人名義を偽って有価証券を作成する行為は有価証券偽造罪にあたるとするのが判例です。

③ **偽造有価証券行使罪**

　偽造・変造された有価証券や虚偽の記入がある有価証券を本物として使用した場合や、本物として使う目的（行使の目的）で人に渡したり、輸入した場合に成立する罪です。

　実行行為である「行使」は通貨偽造罪における「行使」とほぼ同じ意味ですが、通貨偽造罪と異なり、流通に置く必要はないと考えられています。つまり、自己の資産を誤信させるために「見せ手形」として示すことも行使にあたります。

26 文書偽造の罪

どんな犯罪なのか

法律関係や重要な事実関係などを記載した文書、文書に準じた電子メールなどの電磁的記録は、社会生活で大きな役割を演じています。そこで、その偽造などの行為を防ぐことを目的として定められているのが文書偽造の罪です。

文書偽造の罪における保護法益は、文書の公共的信用と考えられています。ここでいう信用とは、文書の作成名義に対する信用なのか、それとも文書の内容に対する信用なのかについては、大きな議論があります。

まず「文書の公共的信用」の意味を、文書作成者の名義に対する信用ととらえ、作成名義への信頼を保護することが文書偽造の罪の目的であるとする見解を形式主義といいます。

これに対し「文書の公共的信用」の意味を、文書の内容が真実であることへの信用ととらえ、文書の内容の真実性を保護するのが文書偽造の罪の目的とする見解を実質主義といいます。

判例・通説は形式主義を支持しています。その理由は、文書の作成者は誰であるのか、本当にその人物が書いたのか、ということに関心を向けるのが一般的といえるからです。

文書の意義

文書偽造の罪における「文書」とは、文字やこれに代わるような符号（たとえば点字など）を用いて、意思や認識を、ある程度の期間存続できるような状態で表示したものをいいます。紙の上に書いた一般的な意味での文書はもちろん、黒板に

第3章 ■ 刑法各論

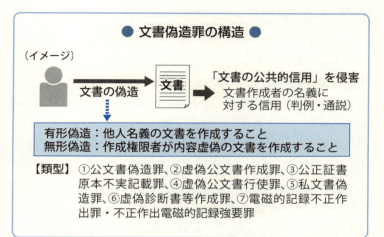

チョークで書いたものも「文書」となります。文書は作成した者の名義によって2種類に分けられます。公務員や役所などの公務所が作成することを予定した文書を公文書といい、私人が作成することを予定した文書を私文書といいます。

偽造行為

文書偽造の罪における実行行為は偽造です。偽造行為の態様はさまざまですが、もっとも重要なのは、有形偽造と無形偽造と呼ばれる偽造のあり方です。

有形偽造とは、権限のない者が作成名義を偽って他人名義の文書を作成することで、名義人と作成者の人格との間に矛盾が生じる場合です。一方、無形偽造（虚偽作成）とは、作成権限のある者が内容虚偽の文書を作成する行為のことです。

なお、文書偽造の罪では「変造」行為も処罰されます。変造とは、既存文書の非本質的部分に権限なく変更を加えることです。

179

代理名義の冒用

　代理権をもたない甲が、乙（本人）に無断で「乙代理人甲」という代理の文書を作成する代理名義の冒用に関しては、有形偽造・無形偽造のいずれにあたるのかが問題となります。

　代理名義の冒用を無形偽造とする見解は、「乙代理人甲」の表示のうち「乙代理人」の部分は文書の内容にすぎないから、作成名義人は甲であり、作成名義は偽っていないと主張します。

　しかし、代理文書の法的効果は本人におよびます。そこで「乙代理人甲」と表示された文書の効果は「乙」におよぶので、権限のない甲が作成名義を偽って乙名義の文書を作成したと評価すべきです。したがって、代理名義の冒用は有形偽造と理解するのが妥当です。判例も同様の見解を示しています。

文書偽造の罪と各犯罪について

　文書偽造の罪には、文書の種類などに応じて、以下のような犯罪類型があります（155条〜161条の2）。

① **公文書偽造罪**

　公務員などの作成すべき公文書の有形偽造、変造を行った場合に成立するのが公文書偽造罪です。たとえば、住民票や保険証などを私人が偽造するような行為です。

② **虚偽公文書作成罪**

　公文書の無形偽造を処罰するのが虚偽公文書作成罪です。法令などに基づき、公文書を作成する権限を与えられた公務員が主体となる身分犯です。たとえば、公務員が戸籍簿などに偽りの事実を記した場合に成立します。

③ **公正証書原本不実記載罪**

　公務員に虚偽の申立てをして、登記簿、戸籍簿その他の権利

や義務に関する公正証書の原本に真実とは異なる記載をさせるなどの行為を処罰する罪です。ここでいう「権利や義務に関する公正証書」とは、権利・義務に関する一定の事実を公的に証明する文書のことです。

④　**偽造公文書行使罪**

偽造・変造された公文書や、虚偽作成された公文書を本物として使うなどした者を処罰するのが偽造公文書行使罪です。

⑤　**私文書偽造罪**

本物として使う目的で、他人の権利・義務や事実証明に関する文書の有形偽造、変造を行った場合に成立する罪です。具体的には、権利義務の発生、変更、消滅の要件になる文書や、権利義務の存在を証明する文書、社会生活上重要な事実の証明に関する文書の有形偽造、変造が処罰対象となります。

⑥　**虚偽診断書等作成罪**

医師が公務所に提出すべき診断書・検案書・死亡証書に虚偽の記載をしたときに成立する罪です。特に重要な私文書の無形偽造が、例外的に虚偽診断書等作成罪によって処罰されます。行為の主体が医師のみに限られる身分犯です。

⑦　**電磁的記録不正作出罪・不正作出電磁的記録供用罪**

人の事務処理を誤らせる目的で、その事務処理の用に供する権利、義務や事実証明に関する電磁的記録（コンピュータ処理されたデータやキャッシュカードなどの磁気情報など）を不正に作出した（作成権限がないのに作った）場合は、電磁的記録不正作出罪が成立します。また、不正に作られた上記の電磁的記録を、人の事務処理を誤らせる目的で、人の事務処理において使用可能な状態においた場合は、不正作出電磁的記録供用罪が成立します。

181

27 コンピュータウイルスに関する罪

どんな犯罪を処罰するのか

現代社会では、あらゆる場所でコンピュータなどが用いられており、データの保管・管理の他、人々の生活にとって重要なプログラムの管理の多くをコンピュータなどが担っています。データに対する侵害行為（サイバー犯罪）への対処は、国境のないインターネット上において、国際的課題といえます。

そこで、このように情報処理の高度化された社会に対応するために、刑法は「不正指令電磁的記録に関する罪」を規定しています（168条の2・168条の3）。

不正指令電磁的記録に関する罪は、後述のようにコンピュータなどの正常な作動を妨げるコンピュータウイルスの作成や供用などを処罰対象にしており、「コンピュータウイルスに関する罪」とも呼ばれています。保護法益は、コンピュータなどの電子計算機のプログラムが人の意図に従って作動するという社会一般の信用であると考えられています。

どんな規定があるのか

刑法はコンピュータウイルスに関する罪として、①不正指令電磁的記録作成・提供罪、②不正指令電磁的記録供用罪、③不正指令電磁的記録取得・保管罪の3つを規定しています。

まず、①不正指令電磁的記録作成・提供罪とは、「トロイの木馬」などと呼ばれるコンピュータウイルスを、作成・提供する行為に対して成立する罪です。客体である「電子計算機」とは自動的に計算やデータ処理を行う電子装置を指し、基本的に

第3章 ■ 刑法各論

● コンピュータウイルスに関する罪の構造 ●

（イメージ）

コンピュータウイルス
の作成・供用

パソコンなど

？？
コンピュータなど
の電子機器が人の
指示どおり動くと
いう信用の保護

【類型】

①**不正指令電磁的記録作成・提供罪**
　⇒(例)コンピュータウイルスの作成など

②**不正指令電磁的記録供用罪**
　⇒(例)コンピュータウイルスなどの実行ファイルをメール
　　に添付・送信するなど

③**不正指令電磁的記録取得・保管罪**
　⇒コンピュータウイルスと知ってデータを取得するなど

はパソコンなどがあたりますが、同等の機能を持つスマート
フォンなども該当します。また本罪は目的犯（行為者が特定の
目的を持っていることが犯罪の成立要件である犯罪）なので
「人の電子計算機における実行の用に供する目的」がなければ
成立しません。

　次に、②不正指令電磁的記録供用罪とは、コンピュータウイ
ルスなどの実行ファイルを電子メールに添付して送付するなど
して、第三者のコンピュータ上でいつでも実行できる状態に置
くことなどで成立する罪です。そして、③不正指令電磁的記録
取得・保管罪とは、コンピュータウイルスであることを知った
上で、これらのデータを取得・保管することで成立します。

　なお、いずれの罪も「正当な理由がない」場合にのみ犯罪が
成立するため、たとえば、ウイルス対策ソフトの開発や試験を
行う場合には、犯罪が成立することはありません。

183

28 わいせつの罪

どんな犯罪なのか

わいせつの罪は、性秩序や性的風俗を保護法益とする犯罪類型です。具体的には、公然わいせつ罪、わいせつ物頒布罪が設けられています。もっとも、どのような性風俗が健全か不健全であるのかは明確ではありません。

公然わいせつ罪とは

公然とわいせつな行為をした場合に成立するのが公然わいせつ罪です（174条）。女性に自分の性器を見せて喜ぶような痴漢行為は、この罪によって処罰されます。

実行行為の「公然とわいせつな行為をした」とは、不特定の人や多数の人が見ることのできる状態でわいせつな行為をすることです。わいせつな行為の意味については、「その行為者またはその他の者の性欲を興奮刺激又は満足させる動作であって、普通人の正常な性的羞恥心を害し、善良な性的道義観念に反するもの」と定義した判例があります。

わいせつ物頒布罪とは

わいせつな文書、図画その他の物を頒布し、販売し、公然と陳列した場合や、販売の目的でこれらの物を所持した場合に成立するのがわいせつ物頒布罪です（175条）。わいせつDVDの販売業者が逮捕されたなどのニュースが報道されますが、わいせつ物頒布罪が逮捕の根拠になっています。

わいせつ物頒布罪で問題となる「文書」とは、文字により特

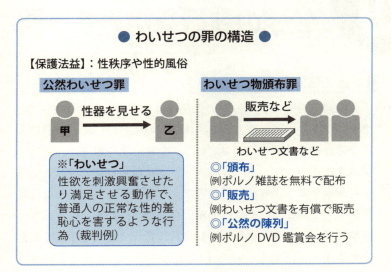

定の意思内容を表示したもので、ポルノ小説などがその例です。

「図画」は、象形的方法により表示されるもので、ポルノ写真がその典型ですが、DVD やビデオテープも「図画」といえます。「その他の物」とは、文書・図画以外のもので、わいせつな音声を録音した CD やテープなども含まれます。

実行行為の「頒布」とは、ポルノ雑誌をタダで配り歩くなど、不特定の人や多数の人に対して無償で交付することです。「販売」とは、不特定の人や多数の人に対して有償で譲渡することを意味します。客の持ちこんだ DVD にわいせつ動画をコピーして、代金をもらう行為も「販売」にあたる場合があります。

「公然の陳列」とは、ポルノ DVD の上映会を行うように、不特定の人や多数の人が見ることのできる状態に置くことです。「所持」とは、わいせつな物を自分の支配の下に置くことですが、販売の目的をもって所持した場合のみ処罰されます。

29 公務の執行を妨害する罪

保護法益について

公務の執行を妨害する罪の保護法益は「公務員による公務」です。つまり、国・地方公共団体などの公務員による円滑で公正な遂行を保護する目的で定められた罪です。刑法は、公務を保護するため、①公務執行妨害罪、②職務強要罪・辞職強要罪、③封印破棄罪、④強制執行妨害罪、⑤競売等妨害罪、⑥談合罪を規定しています。その中で重要な役割を果たしている公務執行妨害罪は、職務を執行する公務員に暴行・脅迫を加えて公務を妨害する犯罪です（95条1項）。たとえば、警察官に職務質問されたときに、暴力で抵抗した場合に成立します。

「職務」の意義

公務執行妨害罪は、公務員の職務執行に対して暴行・脅迫を加えた場合に成立します（95条1項）。ただ「職務」の種類は実にさまざまです。そこで、①警察官の逮捕行為などの職務を非現業的・権力的公務、②それ以外の職務を現業的・非権力的公務と分類した上で、公務執行妨害罪が適用される「職務」は①に限るとする見解もあります。しかし、判例・通説はすべての公務が「職務」に含まれると考えています。

職務の適法性

公務執行妨害罪で保護される職務は適法なものでなければならないと判例・通説は考えています。そのため、職務の適法性を判断する方法として、①主観説、②客観説、③折衷説という

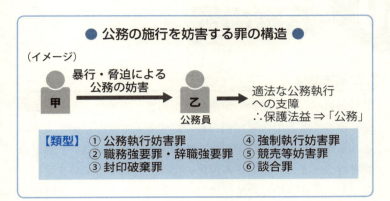

見解の対立があります。

①主観説は、公務員が適法と信じていたか否かによって判断すべきという見解です。これに対して②客観説は、裁判所が客観的に判断すべきだと主張します。そして③折衷説は、一般人の見地から、公務員が行為を行った状況を検討して、それが適法といえるか否かを判断すべきだという見解です。判例・多数説は客観説を採用しています。特に判例は、職務行為がなされた行為時の状況のみを判断材料としていると考えられています。

暴行・脅迫の意義

公務執行妨害罪の実行行為は「暴行・脅迫」です。公務執行妨害罪の暴行・脅迫は広義の暴行・脅迫でよいと理解されています。よって、間接的に公務員の身体に影響を与えるような暴行行為であれば、「暴行」と評価されます。たとえば、公務員のかたわらで物を壊す行為なども暴行にあたります。

また、脅迫も広義の脅迫であるため、その害悪の内容、通知の方法は問わず、直接公務員に告知される必要もありません。

30 賄賂の罪

保護法益は

公務員への贈収賄行為が厳しく処罰されるのは、公務と賄賂が結びつくことで、国民の公務に対する大きな不信感がもたらされるからです。したがって、賄賂罪の保護法益は、公務員の職務の公正とこれに対する国民の信頼と考えられています。

そして、賄賂の罪の全体において問題となるのは、①「職務に関し」とは何か（職務の範囲）と、②「賄賂」の内容です。

賄賂の罪における「職務」の範囲

職務の範囲については、判例が「公務員がその地位に伴い公務として取り扱うべき一切の執務である」と明らかにしています。つまり、現に担当している具体的な職務の他、職務と密接な関係をもつ行為も「職務」に含まれるといえます。

裁判例において、国公立の音楽大学の教授が業者から賄賂をもらい、学生にバイオリンの購入方の勧告あっせんを行うことが、職務と密接な関係を有する行為であるとされたことがあります。音楽大学教授の本来の職務は学生への教授であるため、学生が自分にだけ特別な教育を施してくれと金銭を教授に渡したような場合は、明らかに「職務」について賄賂を渡したと認められます。しかし、どのバイオリンがよいのかを勧めることが、音楽大学教授の「職務」といえるかは微妙といえます。

そこで判例は、職務行為自体に加えて、職務と密接に関連する行為も「職務」に含むと考えているのです。そうすると、バイオリンを勧める行為は、学生への教授と密接に関連すると認

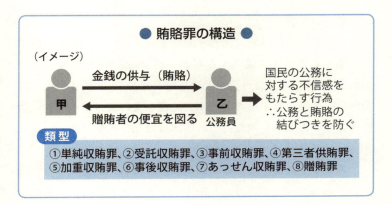

められ、音楽大学教授の「職務」にあたることになります。

賄賂の意義

賄賂とは、公務員の職務に関する不正の報酬としての利益のことです。賄賂のもっとも典型的な例は金銭ですが、それ以外にも、飲食物や、異性間の情交、就職のあっせん、無利子の貸与、地位の供与なども賄賂となりえます。

もっとも、中学の担任に生徒3人の親が5000円分もしくは1万円分の小切手を贈った行為について、「私的な学習上、生活上の指導に対する感謝の趣旨と、担任に対する敬慕の念に発する儀礼の趣旨に出たものではないかと思われる余地がある」として、賄賂罪の成立を否定した判例があります。

賄賂罪の類型

賄賂罪は、賄賂が贈られる側を罰する収賄罪と、賄賂を贈る側を罰する贈賄罪とに分けられます。そして、以下のように詳細な規定（特に収賄罪）が置かれています（197条〜198条）。

① **単純収賄罪**

公務員が、その職務に関し、賄賂を収受するか、収受の要求や約束をしたときに成立する罪が単純収賄罪です。「収受」は賄賂を受け取ること、「要求」は賄賂を求めること、「約束」は賄賂の収受を合意することです。賄賂を受け取らなくても、賄賂の要求や約束をしただけで収賄罪は既遂に達します。

② **受託収賄罪**

公務員が「請託」を受けて単純収賄罪にあたる行為をした場合は、刑が加重されます。「請託」とは、職務に関し一定の職務行為を行うよう依頼することです。このような収賄罪を受託収賄罪といいます。

③ **事前収賄罪**

公務員になろうとする者が、請託（依頼）を受けて賄賂を収受するか、収受の要求や約束をした場合に成立する罪です。公務員になろうとする者とは、国会議員選挙の立候補者などであり、実際に公務員となった場合にのみ処罰されます。

④ **第三者供賄罪**

公務員が、職務に関し、請託（依頼）を受けて、第三者に賄賂を供与させるか、その供与の要求や約束をした場合に成立する罪です。公務員が第三者に利益を受け取らせる行為を処罰するために設けられた規定です。第三者が供与される利益を賄賂と認識していることは不要です。

⑤ **加重収賄罪**

公務員が、単純収賄罪、受託収賄罪、事前収賄罪、第三者供賄罪を犯した後に、それによって職務上不正の行為をしたり、相当の行為をしなかった場合は、これらの収賄罪よりも重く処罰されます。

これに対し、公務員が、職務上不正の行為をしたり、相当な行為をした後に、そのことに関して収賄行為や第三者供賄行為をした場合も、同様に重く処罰されます。これらを合わせて加重収賄罪といいます。

⑥ **事後収賄罪**

公務員であった者が、退職後に在職中の職務違反行為に関して賄賂を受け取るか、その要求や約束をすることで成立する罪です。事後収賄罪については、公務員が職務権限の異なる職務に異動した場合に、前の職務に関して収受した利益について、退職した場合と同様に事後収賄罪の成立を肯定できるのかが争われています。判例は成立を肯定しています。

⑦ **あっせん収賄罪**

公務員が請託（依頼）を受け、他の公務員に対して、職務上不正な行為をさせるようにしたり、相当な行為をさせないようにあっせんしたり、相当な行為をしなかったことの報酬として、賄賂を受け取るか、その要求や約束をしたときに成立する罪です。公務員がその地位を利用し、他の公務員の職務行為をあっせんして不法の利益を得ることを禁じることを目的とした規定です。

⑧ **贈賄罪**

賄賂を贈る側を処罰する規定が贈賄罪です。贈賄罪の実行行為は、賄賂の供与、申込み、約束で、公務員が主体となる収賄罪と異なり、贈賄罪の主体は制限されません。「供与」は賄賂を相手に受け取らせること、「申込み」は賄賂の収受を促す行為、「約束」は贈賄側・収賄側の双方が将来賄賂を授受する旨を合意することです。

191

ピンポイント刑法

2018 年 5 月 3 日　第 1 刷発行

編　者　　デイリー法学選書編修委員会
発行者　　株式会社　三省堂　代表者　北口克彦
印刷者　　三省堂印刷株式会社
発行所　　株式会社　三省堂
　　　　　〒 101-8371　東京都千代田区神田三崎町二丁目 22 番 14 号
　　　　　電話　編集（03）3230-9411　　営業（03）3230-9412
　　　　　http://www.sanseido.co.jp/
〈ピンポイント刑法・192pp.〉

©Sanseido Co., Ltd. 2018　　　　　　　　　　Printed in Japan
落丁本・乱丁本はお取り替えいたします。

> 本書を無断で複写複製することは、著作権法上の例外を除き、禁じられています。
> また、本書を請負業者等の第三者に依頼してスキャン等によってデジタル化する
> ことは、たとえ個人や家庭内での利用であっても一切認められておりません。

ISBN978-4-385-32024-3